세상에서 가장 특별하고 소중한

____________에게

이 책을 드립니다.

괜찮아,
꿈이 있으면
길을 잃지 않아

괜찮아,
꿈이 있으면 길을 잃지 않아

개정판 7쇄 발행 2023년 9월 15일

지은이 | 백수연
펴낸곳 | 보랏빛소
펴낸이 | 김철원

기획·편집 | 김이슬
마케팅·홍보 | 이운섭
디자인 | 박영정

출판신고 | 2014년 11월 26일 제2015-000327호
주소 | 서울시 마포구 포은로 81-1 에스빌딩 201호
대표전화·팩시밀리 | 070-8668-8802 (F)02-338-8803
이메일 | boracow8800@gmail.com

ISBN | 979-11-90867-10-8 (03190)

인생의 골든타임을 지켜낸 10대들의 리얼 스토리

괜찮아, 꿈이 있으면 길을 잃지 않아

백수연 지음

보랏빛소
Borabit Cow

시간이 흘러도, 여전히 너를 응원해

"너무 외롭고 힘들어서 털어 놓을 사람도 없었는데, 힘든 일이 있으면 언제든 메일을 보내라는 문장에 많은 고민을 하다가 도움을 청해요. 책에 담긴 좋은 내용 읽고 많이 행복해졌어요. 감사합니다."

5년 전, 이 책이 출간된 후 처음으로 청소년 독자에게 온 메일의 일부다. 그 이후로도 초등학생부터 대학생, 취업준비생까지 다양한 연령대의 청소년 독자들이 자신의 고민을 털어놓거나 진로 상담 메일을 보내주었다. 그때마다 용기를 내어 내게 메일을 보내준 한 명 한 명에게 정성껏 답장을 썼다. 이 책을 읽은 단 한 사람에게라도 조금이나마 공감과 위로를 주는 것이 바로 내가 이 책을 쓴 이유니까.

《괜찮아, 꿈이 있으면 길을 잃지 않아》가 세상에 처음 나온 지 벌써 5년이 흘렀다. 이 책을 처음 집필할 당시, 현장에서 만난 청소년들의 빛나는 이야기가 담긴 의미 있는 책을 쓰고 싶은 마음에 정성을 다했다. 그 마음이 잘 전달되었는지 그사이에 청소년뿐만 아니라 부모님, 교사, 청소년지도자 등 독자들의 입소문으로 사랑받는 스테디셀러가 되었다.

그랬던 이 책이 새롭게 단장하여 개정판으로 출간되니 감회가 남다르다. 개정판에는 특별히 책 속 주인공들의 축하메시지와 스페셜 인터뷰를 추가로 담았다. 시간이 흘렀음에도 흔쾌히 응해준 책 속 주인공 친구들에게 고마움을 전한다. 5년이 지난 지금, 책 속 주인공들은 멋진 성인으로 성장하여 각자의 방식으로 자신의 길을 향해 걸어가고 있다. 나 역시 현장에서 청소년지도사, 강사, 작가로서 더 왕성하게 활동하며 더 많은 청소년을 만나는 중이다.

오랜 시간이 흘렀음에도 여전히 이 책이 청소년들에게 공감과 힘이 되는 이유는 무엇일까. 어쩌면 이 시대의 청소년들에게 진짜로 필요한 것은 고민을 해결해줄 해결사가 아니라, '나만 이렇게 힘든 것은 아니구나.' 하며 나의 마음을 이해해주고 공감해줄 누군가일지도 모른다. 지금 여러분에게 일어나는 크고 작은 고민들로 움츠러들거나 스스로를 다그치지 않았으면 좋겠다. 이 책을 읽으면서 스스로에게 "많이 힘들지? 괜찮아, 충분히 잘하고 있어."라며 그 누구보다 자신의 마음에 귀 기울이고 다정하게 토닥여주기를 바란다. 또한, 청소년뿐만 아니라 어른들이 먼저 이 책을 읽고 이 시대를 살아가는 우리 아이들의 마음을 따뜻하게 헤아려주고 소통하는 데 도움이 되기를 바란다.

소설《빨간 머리 앤》에 좋아하는 구절이 있다.

"이 길모퉁이를 돌면 무엇이 있을지 알 수 없지만, 전 가장 좋은 게 있다고 믿을래요!"

저 너머에 무엇이 있을지 알 수 없는 4차산업혁명 시대, 포스트코로나 시대를 살아가야 하는 청소년들에게 이 책이 꿈의 숲에서 길을 잃지 않고 자신만의 길을 찾도록 돕는 나침반이 되기를 소망한다. 그 길에서 두려움에 망설이는 여러분의 손을 따뜻하게 잡고 응원하며 길모퉁이까지 함께 걸어가고 싶다.

마지막으로 이제 곧 청소년기가 되어 이 책을 읽게 될 사랑하는 딸 채윤이와 채원이에게 이 책을 바친다.

2020년 매순간 감사하며

백수연

존재만으로 반짝반짝 빛나는 십대에게

한 여자아이가 있었다. 중학교 때까지만 해도 무난한 중상위권 성적을 유지하던 아이는 고등학생이 되면서 이런 저런 핑계를 대며 일탈을 꿈꾸기 시작했다. 결국 성적은 바닥까지 떨어졌고 반에서 꼴찌를 하기에 이르렀다. 고3 수험생이 된 아이에게는 좌절뿐이었다.

모든 것을 포기하고 싶던 그 순간, 아이는 '꿈'이라는 희망의 빛을 만났다. 그러자 아이는 180도 달라졌다. 반에서 제일 먼저 등교해 공부했고, 온종일 의자에 앉아 무식하게 공부한다고 해서 '의자왕'이라는 별명도 생겼다. 물론 뒤늦게 시작한 공부로 '수능 대박'이라는 대단한 반전의 역사를 쓴 것은 아니다. 턱없이 부족한 성적으로 재수를 해야만 했다.

하지만 아이는 불행하지 않았다. 재수를 하는 시간이 오히려 값지고 귀중하게 느껴졌다. 아이의 삶에 큰 변화가 생긴 것이다.

무엇이 아이를 이토록 달라지게 만들었을까? 바로 '꿈' 때문이었다. 간절히 이루고 싶은 꿈이 생기자 앞으로 자신이 무엇을 해야 할지, 어떻게 살아가야 할지 삶의 방향이 명확하게 보인 것이다. 아이는 조금 느리더라도 그 길을 향해 한 걸음씩 걸어가 보기로 마음먹었다.

20년 후, 그 여학생은 어떻게 되었을까?

지금 이렇게 여러분과 이 책을 통해 만나고 있다. 그렇다, 사실 여고생의 이야기는 나의 이야기다. 고등학교 시절, 공부가 죽기보다 싫었다. 성적과 등급으로만 나를 평가하는 현실을 외면하고 싶었고, 국어나 수학 말고 진짜 배우고 싶은 것이 있어도 대학에 갈 때까지 참고 미뤄야만 하는 이 시기를 벗어나고만 싶었다. '꿈'을 가지라고 말하면서 내 꿈이 뭔지 생각할 여유조차 주지 않는 현실을 탓하기만 했다.

대한민국에서 10대로 살아간다는 것은 참으로 험난하다. 그 마음을 알기에 여러분은 나와 같은 시행착오를 겪지 않았으면 하는 마음에 이 책을 쓰기 시작했다.

여러분은 지금 청소년기라는 내 인생의 가장 찬란한 시기를 보내고 있다. 물론 학업도 중요하지만, 지금 가장 필요한 것은 앞으로 펼쳐질 넓고 큰 세상에서 스스로 자신을 지키면서 살아갈 수 있는 힘을 기르는 일이다. 그러기 위해서는 내가 누구인지 나의 정체성을 찾고, 자신이 가진 가능성을 믿는 것이 중요하다. 우리 모두에게는 충분한 잠재력이 있다. 그렇기에 존재만으로 반짝반짝 빛나는 것이다.

이 책을 쓰기 위해 현장에서 만났던 청소년과 인터뷰를 하며 그들의 진짜 이야기를 수집했다. 내 앞에 닥친 시련과 위기를 스스로 극복하며 자신의 귀중한 청소년기를 지켜낸 10대들의 생생한 리얼 스토리를 담고 싶었다. 아이들을 한 명 한 명 만나 이야기를 들어보면, 신기하게도 그 힘의 원동력이 하나같이 '꿈'을 향하고 있었다. 이 책을 읽게 될 여러분 역시 그들의 이야기를 읽으며 뭉클한 감동을 느꼈으면 좋겠다. 앞으로 내게 닥칠지 모르는 어려움 앞에 대비할 힘을 얻었으면 좋겠고, '나만 그랬던 게 아니구나.' 하며 공감과 위로를 받았으면 좋겠다.

더불어 인생의 선배로서 여러분이 꼭 지켜내기를 바라는 자기정체성, 관계, 꿈, 마음, 배움 총 5가지에 관한 조언을 담았다. 이 이야기들이 조금이나마 희망의 빛이 되고, 꿈의 길잡이가 되기를 소망한다.

인생이란 긴 여행은 이제 막 시작되었다. 그 출발선 앞에 선 여러분에게 따뜻한 격려와 힘찬 응원을 보낸다.

"괜찮아, 꿈이 있으면 길을 잃지 않아."

꿈쌤 백수연

책 속 주인공들의 축하 메시지

10년 전의 저는 작은 도전들 속에서 저만의 가능성과 꿈을 발견한 학생이었습니다. 인생의 골든타임이라 불리는 청소년기에 꾸준히 나를 들여다보고 믿으며 탄탄한 내면을 가진, 자신감 있는 사람으로 성장했습니다. 꿈 앞에 서 있는 여러분, 이 책에 소개된 청소년들처럼 자신의 가능성을 믿고 작은 일이라도 용기 내어 도전하세요! 각자가 가진 씨앗을 소중하게 키우다 보면, 다가올 미래에는 아름다운 꽃이 필 거라 확신합니다. _지수

이 책의 가장 큰 힘은 '진솔함'이라고 생각해요. 공감과 위로가 담긴 진솔한 이야기에 반해 밑줄을 치고 또 치면서 읽었는데, 5년이 지난 지금 다시 읽어도 가슴을 뛰게 하는 문장들로 가득하네요. 개정판이 나왔다는 것은 저뿐만이 아니라 많은 분이 따스한 위로를 받았다는 증거겠죠? 개정판 출간을 진심으로 축하드립니다. _성일

《괜찮아, 꿈이 있으면 길을 잃지 않아》 출간 5주년과 개정판 출간을 진심으로 축하드려요! 책 제목처럼 꿈이 있으면 길을 잃지 않는 것 같아요. 꿈이 있는 친구들은 이 책을 읽으며 어떻게 그 길을 헤쳐 나갈지를 함께 고민하고, 아직 꿈이 없는 친구들은 이 책을 통해 꼭 꿈을 발견하기를 바랍니다! _은비

중학교에서 고등학교로 진학할 때 꿈쌤에게 처음으로 책 출간 소식을 들었습

니다. 그로부터 벌써 5년이 지나 저는 대학교 3학년을 보내고 있네요. 5년 동안에도 크고 작은 고민이 많았지만, 꿈이 있기에 길을 잃지 않을 수 있었습니다. 다른 많은 청소년도 이 책을 통해 꿈을 갖고 길을 잃지 않을 수 있기를 소망합니다. 개정판 출간을 축하드려요! _민솔

5년 전, 특별할 것 없던 저는 그저 아나운서라는 큰 꿈을 막연하게 품은 학생일 뿐이었으나, 현재는 저를 소개할 때 아나운서라는 단어를 붙일 수 있게 되었습니다. 제가 꿈을 이루는 동안 이 책 역시 저자의 정성과 진심이 담긴 만큼 많은 독자들에게 사랑을 받았습니다. 여전히 생생하고 솔직한 이야기를 품은 개정판 출간을 진심으로 축하드립니다. 제가 그러했듯, 이 책을 통해 꿈에서 길을 찾고 공유하는 청소년들이 더 많아지길 바랍니다. _민경

5년이 지나고 다시 읽은 이 책은 또 한 번 제게 남들이 선택하는 길, 타인과 비교해서 선택하는 길이 아닌, 정말 내가 원하는 길을 고민하고 선택할 수 있도록 도와주는 나침반이 되어줍니다. 선택의 기로에 설 때마다 타인이 아닌 나의 기준으로 "정말 내가 원하는 것, 내가 행복한 선택은 무엇인가?" 스스로에게 질문을 던지고 꿈을 향해 걸어갈 수 있는 힘을 이 책을 통해 얻게 되길 소망합니다. _경현

이 책이 출간된 지 벌써 5년이 되어간다니, 책 속 주인공으로서 그리고 작가님을 응원하는 독자로서 감회가 새롭습니다. 첫 이야기로부터 많은 시간이 지났고 여러 변화가 있었지만, 한 가지 변하지 않는 것은 '꿈이 있으면 결코 길을 잃지 않는다.'라는 생각입니다. 제 삶에서 등대가 되어주었던 이 신념이 이번 개정판을

통해 부디 더 널리 닿기를 소망합니다. _현경

출간 5주년을 축하드립니다. 많은 친구들이 이 책을 통해 용기를 얻고, 꿈을 꾸고, 마침내 이루고 있으리라 믿어요! 앞으로도 대한민국 청소년의 나침반이 되어주는 책으로 더 승승장구하길 바랍니다! _수현

배우를 꿈꾸던 평범한 제가 좋은 기회로 이 책에 제 이야기를 담을 수 있었습니다. 저는 지금도 배우의 꿈을 위해 열심히 걸어가는 중입니다. 제 이야기가 청소년들에게 도움이 된다면 참 좋을 것 같아요. 쉬운 일은 아니지만, 꿈이 있으면 길을 잃지 않는다는 말을 믿고 조금 더 걸어가보는 게 어떨까요? _주은

사실 꿈쌤의 책에서 꺼냈던 학창 시절의 방황 이야기는, 고등학교를 졸업하고 나서도 괜한 부끄러움에 아무에게도 고백하지 않았던 이야기였습니다. 책을 통해 제 얘기를 전하게 되면서 부모님, 학창 시절의 선생님들, 친구들에게도 비밀을 터놓고 새롭게 대화를 이어나가게 됐고, 그로 인해 항상 마음 한 구석에 무겁게 자리 잡고 있던 짐을 내려놓을 수 있었습니다. 제 얘기가 저와 비슷한 고민을 안고 있는 청소년 친구들에게 조금이나마 도움이 될 수 있다면 정말 기쁠 거예요. _두황

사연의 주인공일 땐 고민 많은 고등학생이었는데, 벌써 20대 중반의 직장인이네요. 어쩌면 그 나이 또래가 했을 법한 평범한 고민이었겠지만, 지금 생각해보면 왜 이렇게 심각하게 고민했나 싶습니다. 그 자리에서 묵묵히 자신의 일을 한다면

분명 하고자 하는 일을 이루는 날이 올 거예요. 고민은 짧게, 실천은 길게! 대한민국의 희망인 청소년 여러분들을 응원합니다. _정인

출간 5주년을 축하드립니다. 이 책을 읽은 당신은 오늘도 꿈을 향해 달려가고 있는 중인가요? 어떻게, 얼마나 성장했나요? 오늘도 당신의 발길에 행복이 있길 바랍니다. _유채

《괜찮아, 꿈이 있으면 길을 잃지 않아》가 벌써 5주년이 되었어요! 혹시 꿈의 길을 헤매고 있나요? 꿈에 대한 두려움이 앞서나요? 스스로가 자신을 중심으로 잡아줄 수 없다면 이 책을 읽고 나 자신을 중심으로 이끌어주세요! 그리고 꿈을 찾아주세요! _상아

처음 책이 출간되었을 때 저는 청소년이었는데, 지금은 어엿한 성인이 되었네요. 책 제목처럼 저에게는 '배우'라는 꿈이 있었기에 길을 잃지 않고 앞으로 나아갈 수 있었던 같아요. 이 책을 읽는 여러분도 모두 꿈을 잃지 않고 행복하셨으면 좋겠어요. _윤미

막 대학생이 되었을 때 출간된 책이었는데, 어느덧 대학교를 졸업하고 사회로 나갈 준비를 하고 있네요. 돌이켜보면 지금의 저보다 10대 때의 제가 더 많은 고민을 했었고 더 많이 힘들어했었던 것 같아요. 그런 고민들을 나만 하고 있을까 봐 쉽사리 주변에 말하지도 못했고요. 그때의 저처럼 속으로만 많은 고민을 하고 있는 청소년도 있겠죠? 그럴 때는 이 책을 통해 같은 고민을 함께 나누고 위로 받

았으면 좋겠어요. 우리는 특별한 것 같지만 평범하고, 또 평범한 것 같지만 특별한 존재니까요. _유정

열일곱 살에 겪었던 이야기를 담은 책이 어느덧 개정판으로 나온다는 소식을 들으니 쑥스러우면서도 한편으로는 뿌듯합니다. 많은 청소년들이 진학 문제, 부모님이나 친구와의 갈등 등 다양한 고민을 안고 살아갈 텐데 이 책을 통해서 '나만 이런 고민이 있던 것은 아니구나.' 하는 공감과 격려를 받으며 자신의 꿈을 잃지 않고 원하는 길로 나아가길 응원합니다. _규수

저의 청소년기에 좋은 영향을 주고, 제 이야기가 담긴 《괜찮아, 꿈이 있으면 길을 잃지 않아》의 개정판이 나온다니 너무 신기하고 축하드립니다. 고민 많은 청소년, 해답을 찾고 있는 청소년이라면 꼭! 읽어보세요. 분명 그 해답을 찾으실 거예요. _나영

5년 만에 개정판이 나오다니, 정말 축하해요. 짝짝짝! 이 책 속엔 진로, 관계 등 청소년이기에 하는 고민들이 다 담겨 있어요! 꼭 한번 읽어보고 자신의 미래를 고민해보는 멋진 삶의 주인공이 되길 바랍니다. 꿈이 있으면 길을 잃지 않아요. 제가 직접 경험했거든요. 여러분도 그 꿈의 주인공이 되어보세요. 여러분을 응원할게요! _하경

차례

PART 03 꿈이 있으면 길을 잃지 않아

Dream

PART 04 내 마음은 이미 정답을 알고 있어

Attitude

PART 05 교과서가 전부는 아니야

Learning

Identity

"세상에서 가장 특별한 자기소개서"

PART 01

민솔's story

도대체 나다운 게 뭔데?

지금의 내 모습을 바꾸고 싶다면 지금 내가 어떤 사람인지 분명히 알아야 한다.
-에릭 호퍼-

"너의 정체가 뭐야?"

누군가로부터 이런 질문을 받는다면 어떤 대답을 하겠는가? 아마 확신을 가지고 대답할 수 있는 사람은 많지 않을 것이다.

'나의 정체? 그러게… 나는 누구지?'

태어난 이후부터 죽을 때까지 스스로에게 되물으며 풀어야 할 과제일 테니 말이다. 하지만 아직 '나'라는 미완성된 작품의 밑그림을 그려가고 있는 청소년 시기에는 "대체 나는 누구지?"라는 질문의 답을 찾는 것이 무엇보다 중요하다.

그렇다고 너무 심오하거나 어렵게 생각할 필요는 없다. 그저 솔직하게 내 마음 깊숙한 곳을 들여다보고, 그 소리에 귀 기울이면 된다. 정답을 찾으려고 애쓰기보다는 스스로에 대해 끊임없이 생각하고 고민하는 과정 자체가 더 중요하다.

내가 지닌 모든 감정을 존중하면서 내가 무엇을 할 때 가장 기쁘고 행복한지, 내가 좋아하는 일과 하고 싶은 일은 무엇인지 스스로 질문하고 생각하다 보면 자신도 모르게 '자기정체성'을 확립하게 된다. 쉽게 말해 '나다움'을 찾는 일이 모든 것의 시작이며 출발인 셈이다.

물론 학업에 바쁜 입시 위주의 현실 속에서 정작 자신에 대해 고민하고, 들여다보는 일이 쉽지는 않을 것이다. 하지만 지금 이 시기에 자신에 대한 정체성을 찾지 못하면 성인이 되어서도 방향을 잡지 못하고 방황하는 경우가 많다. 나보다 나 자신을 더 잘 아는 사람은 없다. 내가 누구인지, 내가 잘하는 것은 무엇이고, 무엇을 좋아하는지 온전히 '나다움'을 찾는 일에 집중해보자.

내 꿈이 정말 파티쉐일까?

10여 년 전, 강의를 하다 당시 초등학교 4학년인 민솔이를 만났다. 민솔이는 작은 체구에 아주 조용한 성격이었다.

"저는 유치원 때부터 행복을 요리하는 파티쉐가 되고 싶었어요."

내성적인 성격임에도 자신의 꿈에 대해서만큼은 야무지게 발표하는 모습이 참 대견해보였다.

그런 민솔이가 어느덧 고등학생이 되었다. 진로나 꿈, 장래희망을 적는 란에 민솔이는 늘 '파티쉐'라고 적곤 했다. 청소년 수련관에서 6개월간 진행하는 '파티쉐 자격증반'도 성실하게 수료했다.

꿈이 없어서 무엇부터 해야 할지 막막한 친구들은 그런 민솔이가 참 부러웠다. 하지만 민솔이의 속사정은 달랐다.

겉으로는 정말 명확하고 분명한 꿈을 위해 달려가는 것처럼 보였지만, 사실 그렇지 않았다. 직업훈련을 위해 강의를 들으면서도 좀처럼 자격증을 취득하려고 노력하지 않았고, 아주 기초적인 지식만 가지고 있으면서도 마치 전문가인 것처럼 행동했다. 누군가가 "너는 왜 파티쉐가 되고 싶어?"라고 질문을 해오면 민솔이는 그저 "재미있어서요."라는 답만 할 뿐이었다.

어느 날, 엄마는 그런 민솔이를 보며 말씀하셨다.

"민솔아, 네가 정말 되고 싶다면 파티쉐 관련 공부도 조금 더 하고 집에서 실습도 해보렴. 그런데 민솔이는 말만 하지 전혀 행동으로 옮기지 않는 것 같아서 엄마는 조금 걱정이야. 그저 재미있어 보인다는 이유로 환상을 가지고 있는 건 아닐까?"

민솔이는 이런 엄마의 말씀을 듣고 정말 진지하게 생각을 해보았다.

'내가 정말 이 직업을 원하는 건가? 그저 지금까지 투자한 시간들과, 활동해온 것들이 아까워서 포기하지 못하고 있는 건 아닐까?'

자신에게 솔직해지니 막연하게만 품고 있던 꿈은 자신이 진정 원하는 꿈이 아니란 것을 깨달았다. 그저 재밌고 요즘 핫한 직업이라는 이유로 어릴 때부터 가슴에 품고 있었을 뿐, 정말 내가 간절히 원하던 길은 아니었던 것이다. 그 사실을 깨닫는 순간, 오랫동안 장래희망이라 불리던 첫 번째 꿈은 사라져갔다.

거의 10년간 꿈꿔왔던 것이 사라진 민솔이는 당장 무엇을 해야 할지 막막해졌다. 늘 자신은 꿈이 있다며 꿈이 없는 다른 친구들 앞에서 당당하고 자신감 있는 모습이었는데, 그 꿈이 사라지니 어찌 해야 할지 갈피를 잡을 수가 없었다. 자존감도 점점 낮아졌다.

민솔이의 얼굴에 근심이 가득하자 친구들은 걱정 어린 위로를 건넸다.

"민솔아, 너답지 않게 왜 그래?"

그러나 민솔이는 마음이 답답했다.

"도대체 나다운 게 뭔데? 나도 나를 잘 모르겠어. 도대체 나다운 게 뭐야?"

민솔이는 나다운 게 뭔지, 자신이 원하는 것이 무엇인지 답을 찾지 못해 가슴이 꽉 막힌 것만 같았다.

그러던 어느 날, 나는 마침 수련관으로 진로체험을 온 민솔이와 마주쳤다. 민솔이는 내게 고민을 상담해왔다.

"선생님, 어릴 적부터 키워온 꿈이 사라지자 무엇을 해야 할지, 무슨 꿈을 꾸어야 할지 막막하고 걱정이 돼요. 제가 정말 원하는 것이 무엇인지, 나다운 일이 무엇인지 잘 모르겠어요…."

나는 민솔이의 손을 꼭 잡으며 말했다.

"민솔아, 나다움을 찾는 건 어렵지 않단다. 민솔이가 가장 행복하고 자랑스럽게 느끼는 일이 뭐니? 무엇을 할 때 가장 기쁨을 느끼니?"

"글쎄요? 제가 뭘 좋아하는지, 제가 어떤 사람인지 저도 잘 모르겠는걸요…."

"꿈이란 충분히 몇 번이고 바뀔 수 있어. 꿈을 찾는 것보다 더 중요한 건 민솔이가 행복하고 스스로 자랑스럽다고 느끼는 일을 찾는 거야. 그래야 내가 진정으로 원하는 꿈을 발견할 수 있거든."

민솔이는 선생님의 말씀을 듣고 곰곰이 생각에 잠겼다. 생각해보니 그동안 근사해 보이는 직업과 타인의 시선에 신경을 쓰느라 정작 자신의 마음에 귀 기울여 본 적이 없었다.

'내가 정말 좋아하는 일이 뭐지? 나는 무엇을 할 때 행복함을 느끼고 자랑스럽지?'

민솔이는 스스로에게 질문하고 자신의 마음을 솔직하게 들여다보는 시간을 가졌다. 그러다가 문득 어떤 생각 하나가 머릿속을 스쳤다.

누가 시키지 않아도 일주일에 서너 번씩 수련관이나 청소년 기관 사이트에 들어가 참여 가능한 프로그램이 없나 찾아보고, 관심 있는 프로그램이 있으면 바로 신청하던 자신의 모습, 진로 관련 활동에 참여하면서 즐거워하던 모습, 활동을 통해 누군가에게 도움을 주고 뿌듯해하던 모습, 무엇인가 기획하는 것을 좋아하던 모습 등…. 전에는 미처 생각지 못했던 나다운 모습을 발견한 것이다.

'아! 나도 이런 활동들을 기획하고 진행해서 청소년들이 자신의 꿈을 찾아갈 수 있도록 도와주고 싶다.'

자신이 좋아하는 일을 하면서 누군가에게 도움이 되는 일을 한다고 생각하니 너무 행복하고 가슴이 설레기 시작했다. 하고 싶은 일이 생기자 이루고 싶은 목표가 생겼다. 나다움을 찾으니 막막했던 그다음 단계가 보였다. 그날 이후 '남녀노소 누구나 즐길 수 있는 도서관 운영하기'라는 목표를 가지고 열심히 나아간 민솔이는 마침내 꿈에 그리던 문헌정보학과에 입학했다. 그리고 민솔이는 지금도 자신의 마음의 소리에 귀 기울이며 나답게 살아가는 중이다.

당신의 이름은 무엇인가요?

몇 해 전, 미국 빌보트 차트를 휩쓸며 세계적인 케이팝 스타로 발돋움한 그룹 방탄소년단(BTS)의 리더 RM이 유엔이 주최한 청소년 행사에 초청되어 연설을 한 적이 있다. 연설의 내용 중 내 마음을 깊이 울리는 문장들이 있었다.

"당신의 이름은 무엇입니까? 무엇이 당신을 설레게 하고 가슴 뛰게 하나요? 당신의 이야기를 들려주세요. 당신의 목소리와 신념을 듣고 싶습니다. 당신이 누구인지, 어디에서 왔는지, 피부색은 무엇인지, 성 정체성은 무엇인지. 그냥 나에 대해 말하세요. 당신을 표현함으로써 당신의 이름을 찾고, 목소리를 찾으세요."

RM이 자신의 어린 시절 방황했던 경험담을 진솔하게 이야기하며, 전 세계의 청소년과 청년들에게 자기 자신을 진정으로 사랑하기 위해서는 본인 스스로 자신의 이름과 목소리를 찾아야 한다는 이야기가 참 공감되고 인상적이었다.

비록 어제 실수를 했다 하더라도 그 모습 또한 나이고, 오늘 어딘가 부족하더라도 그 또한 있는 그대로의 나다. 그런데 우리는 나도 모르게 타인의 시선을 의식하면서 누군가 만들어 놓은 틀에 자신을 끼워 맞추고 있는 것은 아닐까?

독일의 철학자 쇼펜하우어는 이런 말을 했다.

"우리는 남과 같아지기 위해 우리 자신의 4분의 3을 잃어버린다."

내 인생의 주인공은 '나'인데 우리는 남과 같아지려 애쓰다가 정작 가장 소중한 자신의 모습을 잃어버리는 경우가 많다. 자신의 인생을 지킬 수 있는 사람은 오직 나 자신뿐이다, 누군가에게 보여주기 위한 인생이 아니라, 나 자신이 행복한 인생을 사는 것이 중요하다.

민솔이처럼 내가 무엇을 할 때 행복한지, 나 자신이 언제 자랑스럽다고 느끼는지, 내가 정말 좋아하고 진정 하고 싶은 일은 무엇인지, 나만의 특별한 기쁨은 무엇인지 끊임없이 스스로에게 질문하고 고민하고 생각하는 것을 멈추지 말자. 그 누구보다 나에 대해 스스로 아는 것, 지금 여러분이 가장 먼저 해야 할 일이다. 그 과정 속에서 나다움을 스스로 발견할 수 있을 것이다.

자, 이제 여러분에게도 묻겠다.

"당신의 이름은 무엇인가요?"

민솔이의 리얼 한마디

여러분, 대체 내 꿈은 무엇일까 도무지 알 수가 없을 때는 내 마음의 소리를 듣는 연습을 해보세요. 세상에서 가장 나다운 모습을 분명 만날 수 있을 거예요!

지수's story

동아리를 만들어보자!

작은 기회들이 모이면 때로 큰일을 시작하는 계기가 된다.
-데모스테네스-

매년 학기 초가 되면 어김없이 학교에서 '진로적성검사'나 '직업흥미도 검사'와 같은 다양한 진로검사를 실시한다. 검사 결과를 통해 내가 잘하고 관심 있는 분야가 어떤 분야인지, 적합한 진로나 전공은 무엇인지 알아볼 수 있다. 나도 중학생 때 처음으로 진로검사를 한 기억이 난다. 막연했던 진로의 방향을 잡을 수 있는 좋은 기회라 과연 어떤 결과가 나올지 설렘 반 기대 반으로 결과표를 기다렸다. 예상대로 내가 하고 싶은 일들이 나온 경우도 있었지만, 생각지도 못한 결과가 나오기도 해서 내 진짜 적성이 무엇인지 헷갈리기도 했다. 여기서 중요한 점은, 검사 결과를 무조건적으로 맹신하기보다는 '내가 이미 알고 있던 나'와 검사를 통해 알게 된 '새로운 나'를 잘 조합하면서 진짜 자신의 모습을 발견해나가는 것이다.

이 책을 읽고 있는 독자 여러분은 이 결과표를 받아보았을 때 어떤 생각이 들었는가?

'에이, 뭐야? 난 문과계열이 더 맞는데 공대계열이 나왔네?'

'내가 이런 쪽에 적성이 맞는다고? 정말 그런가? 난 잘 모르겠는데….'

이렇게 그냥 그런가보다 하고 무심코 검사표를 덮어두지는 않았는지 생각해보라. 같은 결과표를 받고서도 누군가는 그냥 흘려듣고 넘어가지만, 누군가는 자신이 미처 모르고 있었던 적성과 가능성을 발견하는 기회로 삼는다.

가슴 뛰는 꿈을 만나다

꿈이 없던 지수는 중학교 2학년이 되었을 때 처음으로 '호텔리어'가 되고 싶다는 생각을 했다. 그전까지는 대학에 '호텔경영학과'라는 전공이 있는지, '호텔리어'라는 직업이 있는지조차 알지 못했다. 지수가 이러한 꿈을 갖게 된 것은 중·고등학교에서 진행되었던 '진로, 전공탐색' 검사 결과를 통해서였다. 중학교 2학년이 끝나갈 무렵 지수는 서비스 직종과 관련된 진로와 전공이 잔뜩 적힌 결과표를 받게 되었고, 호텔경영에 대해서 처음으로 접하게 되었다.

'내가 서비스 직종이 어울린다고? 나한테 이런 가능성이 있을까?'

지수는 반신반의했지만 자신의 가능성을 한번 믿어보기로 했다. 그렇게 호텔경영에 대해 차차 알아가기 시작하면서 '호텔'이라는 매력에 빠지게 되었다. 처음에는 화려한 곳에서 일하는 것이 멋있어 보였다. 하지만 알아갈수록 호텔의 아름다운 모습 뒤에 숨어 있는 많은 어려움이 보였다. 그럼에도 불구하고 호텔에서 일을 하고 있는 자신의 모습을 상상할수록 지수의 심장은 두근두근 뛰었다.

그렇게 지수는 '호텔리어'라는 명확한 꿈을 가지게 되었고, 더불어 '세종대학교 호텔경영학과'라는 구체적인 목표를 잡게 되었다. 호텔리어가 되기 위해서는 전문적인 공부를 해야 했고, 대학에 가야 했다. 공부는 자연스레 억지로 하는 의무가 아닌 꿈을 위한 수단이 되었다.

꿈을 향한 첫 번째 도전, 호텔 동아리 개설

고등학교에 입학한 지수는 막연하게 대입을 목표로 공부만 하기는 싫었다. 자신이 되고 싶어 하는 '호텔리어'에 대해서 좀 더 체계적으로 배우고, 자신과 같은 꿈을 가진 친구들과 이야기도 나눠보고 싶었다. 그래서 호텔경영과 관련된 꿈을 가지고 있는 학생들이 모일 수 있는 인터넷 카페를 개설했다. 약 10명 정도의 학생이 카페에 모이자, 지수는 그들과 함께 '호텔 동아리'를 운영하기로 했다. SNS가 발달한 요즘은 누구나 마음만 먹으면 시도할 수 있지만, 용기와 도전정신이 없다면 쉽지 않은 일이기도 했다.

지수는 서울, 경기, 인천 등 수도권에 살고 있는 회원들과 연락을 해서 모임을 갖기 시작했다. 접근성이 좋은 청소년 수련관을 선정해 동아리 활동에 필요한 지원도 받게 되었다. 사람이 모이고, 지원까지 받게 되었으니 지수는 본격적으로 호텔경영에 대해 배울 수 있는 다양한 프로그램을 기획하기 시작했다. 회원들과 함께 '청소년 호텔경영 세미나'를 진행하고, 뉴스 기사를 활용해 토론을 하기도 하고, 매달 한 번씩 주제를 정해 각자 조사한 자료를 바탕으로 프레젠테이션 하는 시간도 가졌다. 실제로 현직에서 종사하고 계신 분들을 만나 뵙고 인터뷰를 해보며 많은 조언을 얻기도 했다. 그렇게 활발한 활동을 하다 보니 조금씩 지수의 동아리는 입소문을 타기 시작했고, 회원 수는 점차 늘어갔다.

같은 꿈을 가진 친구 10명이 모여 시작한 동아리는 약 1년 뒤 1,000명이 넘는 회원을 보유한 어마어마한 모임이 되었다. 소규모 호텔 동아리에서 '한국 청소년 호텔경영 연합'으로 발전하는 성과를 이루게 된 것이다. 규모가 커지자 모임을 보다 효율적으로 운영하기 위해 각 도별로 운영진을 뽑아 활동 영역을 넓혔다. 그 결과 청소년들 사이에서 매우 유명한 단체가 되었고, 세종대학교, 메이필드 호텔 전문학교 등에서 먼저 자매결연을 제안하기도 했다. 한국고용노동청에서 주최한 '호텔 인력 미스매치 해소 프로젝트'에 고교생 대상으로 참가하는가 하면, 여성가족부에서 진행한 '청소년 공모사업'에서도 한국을 알리는 프로그램으로 선정되어 200

만 원 상당의 사업을 진행하기도 했다. 어쩌면 지금 이 책을 읽는 독자 중에 호텔리어를 꿈꾸는 친구라면 이 모임의 이름을 한 번쯤 들어봤을지도 모르겠다.

지수의 입장에서는 그저 자신의 꿈에 대해 조금 더 공부하고 싶고, 같은 꿈을 가진 친구들과 교류하고 싶어 시작한 일이었는데, 1년 만에 이런 엄청난 성과를 거두게 된 것이다. 지수는 이 활동을 통해 '사람들에게 행복한 추억을 전해주는 호텔리어'가 되겠다는 분명한 의지를 가지게 되었고, 앞날을 스스로 만들어가기 시작했다.

가능성은 또 다른 가능성을 만든다

그러던 어느 날, 지수는 학교 게시판에서 '경기도 청소년 홍보대사'를 모집하는 안내문을 접하게 되었다. 청소년 홍보대사를 육성해 경기도의 다양한 지역을 홍보하는 활동사업이었다. 지수는 또 다른 도전을 결심하며 홍보대사에 지원했고, 당당하게 선발되어 활동하게 되었다.

지수는 이 활동을 통해 우리나라에 정말 다양한 체험학습장이 존재한다는 사실을 알게 되었다. 이곳저곳 발로 뛰어다니는 과정을 통해 호텔을 넘어서 '관광'이라는 더 넓은 분야를 알아갔다. 우리나라를 외국에 알리는 대한민국 홍보대사의 역할이라는 또 다른 꿈도 생겼다.

공부할 시간도 부족한 고등학생이 어떻게 이렇게 많은 활동을 할 수 있었을까? 지수가 공부를 소홀히 한 걸까? 결코 그렇지 않다. 다만, 지수는 이 모든 활동이 공부와 별개라고 생각하지 않았다.

초반에는 확실히 공부에 집중하기 어려웠던 것이 사실이다. 하지만 시간을 잘 계획해 평일에는 학습에 최대한 시간을 투자하고, 주말에는 꿈과 관련된 활동들을 해보며 자신의 미래를 계획하고 실천해나갔다.

지수는 '공부가 안 된다.' 혹은 '시간이 없는걸.'이라는 말은 정말 핑계라고 생각했다. 지수 역시 온갖 핑계를 대며 포기하고 싶을 때도 있었다. 하지만 정말 진정하게 이루고 싶은 꿈이 생기자 그 꿈이 원동력이 되어 뭐든지 할 수 있다는 확신이 들었다. 오히려 그 바쁜 생활이 즐거웠다.

그리고 마침내 지수는 중학교 2학년부터 간절히 바라던 '세종대학교 호텔관광대학 합격'이라는 목표를 이루어낼 수 있었다! 그리고 현재 꿈에 그리던 대학교에 입학해 본격적으로 기초 지식부터 실전까지 많은 것을 배워가고 있다. 다양한 경험을 해보며 즐거운 학교생활을 유지하고 있을 뿐만 아니라, 후배들을 만나 전공과 관련된 강연도 정기적으로 진행하고 있다.

지수의 꿈은 아직도 끝나지 않았다. '사람들에게 행복한 추억을 전해주는 호텔리어'가 되고자 여전히 열심히 달리고 있는, 현재진행형이다.

작은 도전이 큰 꿈을 만들어줄 거야

지수의 결과만 보았을 때는, 남들과 다른 특별한 경험 그리고 근사한 스펙을 가지고 있는 사람처럼 보일지도 모른다. 하지만 지수의 스토리를 가만히 살펴보면 그 시작은 꿈도 목표도 없는 평범한 중학생이었다. 지수에게 한 가지 남다른 점이 있다면, 자신의 가능성을 믿고, 자신의 꿈을 향한 도전을 멈추지 않았다는 점이다. 만약 지수가 검사표를 받아보고 '호텔리어'라는 직업에 무관심했다면, 혹은 관심은 있지만 막연하게 '대학 진학'이라는 목표만 세우고 공부했다면 과연 지수의 꿈이 이렇게 빛날 수 있었을까? 지수가 좀 더 자신의 꿈을 알아보기 위해 인터넷 카페를 개설하지 않았다면, 10명으로 시작한 '호텔 동아리'가 1,000명이 넘는 '한국 청소년 호텔경영 연합'으로 발전할 수 있었을까? 홍보대사와 같은 활동에 도전하지 않았다면 또 다른 꿈을 꿀 수 있었을까?

누구에게나 꿈은 있다. 하지만 꿈을 이루는 사람은 많지 않다. 막연하게 머릿속에, 가슴속에만 품으면 꿈은 제자리이기 때문이다. 물론 꿈을 향해 도전한다는 건 쉬운 일은 아니다. 아무리 위대한 일이라 할지라도 그 시작은 언제나 작은 도전에서 비롯된다.

눈사람을 만든다고 가정해보자. 처음에는 손 안에 들어갈 정도로 작은 눈덩이로 시작하지만, 눈 위에서 계속 굴리다 보면 어느새 내 몸보다 더 큰 눈덩이가 된다. 꿈도 마찬가지다. 아주 작은 꿈 뭉치라도 조금씩 꾸준히 굴리다 보면 갈수록 커져 어마어마한 꿈으로 성장하게 될 것이다.

지금 주어진 내 상황에서 작은 도전이면 충분하다. 나의 가능성을 믿고 도전해보자. 작은 도전들이 하나씩 하나씩 모여 너의 꿈을 반짝반짝 빛나게 해줄 것이다.

지수의 리얼 한마디

저와 같은 꿈을 가지고 있는, 혹은 가지고 싶어 하는 청소년 여러분! 무엇보다 스스로 미래의 모습을 떠올렸을 때 '가슴 설레는 일'을 찾으세요. 아무리 하기 싫은 공부라 해도, 가슴 뛰는 미래를 떠올리며 버틸 수 있을 거예요!

정희's story

내 꿈은 165cm

자신에 대해 솔직히 이야기하지 않으면
다른 사람에 대해서도 솔직히 이야기할 수 없다.
-버지니아 울프-

청소년을 불행하게 하는 5대 원인 중 하나가 바로 '외모 콤플렉스'라고 한다. 특히 여드름, 키, 몸무게 등으로 인한 고민은 사춘기에 접어들수록 점점 커지기 마련이다. 자신의 모습에 대해 예민해지고 자기 자신에게 불만도 갖고 스트레스를 느끼다보니 자존감이 낮아지기도 한다.

아무리 잘생기고 예쁜 사람도 자신의 외모에 100% 만족하지는 못한다. 누구나 극찬하는 외모를 지닌 미남미녀 연예인들에게도 외모 콤플렉스는 분명 존재한다. 반면 특별하게 예쁘지는 않지만 오히려 개성 있는 자신의 외모에 만족하는 사람도 있다.

중요한 것은 눈에 보이는 외모가 아닌 내면의 아름다움이다. 스스로를 사랑하는 사람만큼 예쁘고 멋진 사람은 없다는 것이다. 여러분은 어떤가? 지금 있는 그대로 자신의 모습을 인정하고 만족하는가?

엄마와 딸, 단둘이 떠나는 여행

뜨거운 어느 여름, 엄마와 딸이 함께 떠나는 모녀캠프를 진행한 적이 있다. 엄마와 딸 단둘이서만 가는 여행은 처음인 경우가 많았기에 참가자들은 한껏 들떠 있었다. 그중에서도 참 밝아 보이고 잘 웃는 고등학교 2학년인 정희란 아이가 눈에 띄었다. 또래 친구들에 비해 키가 다소 작은 편이었지만, 그래서 더 귀엽고 사랑스러운 친구였다.

2박 3일 캠프의 마지막 날 밤, 딸 한 명이 대표로 앞에 나와 엄마에게 그림책을 읽어주는 깜짝 이벤트가 있었다. 행사를 진행하던 나는 대표를 누구로 선정할까 고민하다가 유난히 웃음이 많았던 정희에게 부탁했다. 정희는 조금 망설이다가 고개를 끄덕였다.

"자, 여러분을 위한 특별한 이벤트를 준비했습니다. 여기 모인 사람 중 대표로 한 친구가 나와 엄마에게 그림책을 읽어주는 시간입니다. 전정희 친구와 어머님을 앞으로 모시겠습니다."

불이 꺼지고 정희의 이름이 불리자 이벤트를 전혀 모르고 계시던 정희 엄마는 당황한 기색이었다. 정희는 그런 엄마의 손을 붙잡고 무대 앞으로 나왔다. 무대에 마련된 의자에 앉아 엄마를 바라보며 정희의 그림책 낭독이 시작되었다. 브래들리 트레버 그리브의 《Dear Mom》이란 그림책이었다.

"엄만 난생 처음으로 나비를 보여주셨죠. 무지개도 보여주셨고요. 처음으로 걸음마를 할 때도 엄마는 제 곁에 계셨어요. 처음으로 웃은 것도 엄마 덕분이에요…."

몇 페이지나 읽었을까. 정희의 목소리가 조금씩 떨리기 시작했다. 그 떨림은 모든 사람들의 마음에 울림을 주었고, 지켜보던 이들의 눈에는 눈물이 맺히기 시작했다.

"제 든든한 버팀목이 되어주신 분도 바로 엄마예요. 이 말이 꼭 하고 싶었어요. 엄마, 정말 고마워요."

정희의 낭독이 끝나자 정희 엄마는 눈물을 터뜨리셨고 그 자리에 있던 참가자들도 모두 함께 울었다.

캠프의 모든 순서가 끝나고 소감을 듣는 시간. 정희 엄마의 이야기를 듣고 전혀 몰랐던 사실을 알게 되었다. 그렇게 밝게만 보이는 정희가 한쪽 발이 불편한 것도, 그래서 걸음걸이가 조금 이상한 것도 나는 캠프 기간 동안 전혀 눈치 채지 못했다.

147cm, 성장판이 닫히다

정희는 어릴 적부터 불편한 다리와 작은 키 때문에 스트레스를 줄곧 받아왔다고 한다. 그 스트레스는 중학교 2학년 사춘기가 오면서 점점 더 심해졌다. 그래도 정희는 긍정적인 마음을 가지려 노력했다.

'곧 클 거야. 조금만 기다려보자. 미래의 나는 165cm일 거야!'

키 크는 스트레칭도 꾸준히 하고, 성장에 도움이 된다는 한약과 우유도 열심히 마셨다. 하지만 한 명, 두 명 자신보다 키가 작던 친구들이 쑥쑥 크는 모습을 바라보며 슬슬 걱정이 되기 시작했다.

아무리 시간이 지나도 키가 더 이상 클 기미가 보이지 않자, 정희는 고민 끝에 엄마와 병원을 찾았다. 병원에서 성장판 검사를 받은 결과, 충격적인 이야기를 들었다.

"안타깝지만 정희 학생의 성장판이 거의 다 닫혀 있네요. 앞으로 더 이상 키가 크기는 좀 무리가 있을 것 같습니다."

성장판이 거의 다 닫혔다는 말에 정희의 눈에 눈물이 핑 돌았다.

'말도 안 돼. 난 아직 147cm밖에 안 되는데…. 그럴 리가 없어. 분명 의사 선생님이 잘못 보신 거야.'

정희는 결과를 부정하고 싶었다. 가뜩이나 남들보다 키도 작아서 더 열려 있어도 시원찮을 판에 남들보다 빠른 속도로 닫히고 있다니! 내 몸이 원망스러웠다. 병원에서 집으로 오는 내내 정희는 울음을 멈출 수가 없었다.

정희는 태어날 때부터 양쪽 다리 두께가 달랐다. 당연히 걸음걸이에도 영향을 미쳤다. 그래서 어릴 때 다리 수술도 하고 재활치료를 받았다. 방학마다 병원에 가서 주기적으로 검사도 받아야 했다.

'남들은 두 다리 멀쩡한데, 왜 나만 이런 걸까? 세상은 정말 불공평해.'

정희는 이란성 쌍둥이로 태어났다. 쌍둥이 남동생은 아주 건강했다. 정희는 가끔 그런 동생이 더 원망스럽기도 했다.

'우리가 태어날 때 동생이 좋은 건 다 가져가고, 나쁜 건 내가 다 가져온 건 아닐까? 걔만 없었으면 난 건강했을지도 몰라.'

동생에 대한 원망의 화살은 곧 엄마에게까지 돌아갔다. 툭하면 엄마에게 짜증을 부리던 정희는 어느 날, 홧김에 그동안 쌓아놨던 말들을 엄마에게 하고 말았다.

"엄마는 왜 날 낳으신 거예요? 낳을 거면 예쁘게라도 낳아 주던가. 키 큰 건 바라지도 않아요. 보통 애들처럼만 운동도 잘하고, 병원에도 안 가고, 발목에 흉터도 없고, 걸음걸이 예쁘고…. 그냥 정말 평범했으면 좋겠는데, 그게 뭐가 어렵다고 나를 이렇게 낳은 거냐고요. 엄마 정말 미워요!"

거침없이 화를 내는 정희의 말을 조용히 듣고 있던 엄마는 말없이 안방으로 들어가셨다. 홧김에 한 말들을 돌이켜보니 정희는 후회스러운 마음이 들었다.

'휴, 내가 너무 심했네. 엄마도 나 이렇게 낳고 싶었던 건 아닐 텐데. 어쩌면 나보다 엄마가 더 속상할지도 모르는데….'

정희는 살며시 안방을 들여다보았다. 엄마는 이불을 덮고 누워 계셨다. 주무시나보다 하고 나가려는데, 이불이 들썩이는 게 보였다. 이불 속에서 울고 계신 거였다. 행여 울음소리가 들릴까 봐 입을 틀어막고 엉엉 우시는 모습을 보니 정희는 마음이 아팠다. 엄마가 그렇게 우시는 모습은 처음이었다.

"엄마, 죄송해요. 울지 마세요. 제가 잘못했어요…."

정희는 엄마에게 달려가서 엄마를 안았다.

"정희야, 엄마가 정말 미안해. 다 엄마 탓이야…."

엄마는 오히려 엄마 탓이라며 정희를 안고 눈물을 흘리셨다. 그날 밤 모녀는 밤새 부둥켜안고 엉엉 울었다.

머리부터 발끝까지 사랑스러운 나

그날 이후, 정희는 다리에 대한 불평을 마음속에 쌓아두지 않고 그때그때 솔직히 말하기로 했다. 친구들 앞에서도 다리 얘기만 나오면 움츠러들고 울먹이던 예전과 달리, 이젠 숨기지 않고 당당해지기로 결심했다.

'이건 부끄러운 일이 아니야. 내 잘못도 아니야. 나는 그냥 다리가 조금 불편할 뿐이야!'

이렇게 마음을 먹은 정희는 체육 수행평가 시간에 선생님 앞에서 "저는 다리가 불편합니다."라고 솔직하게 말씀드린 뒤, 자신이 할 수 있는 최선을 다해 체육활동을 했다. 선생님은 이런 정희를 예뻐하고 대견해하셨다. 정희도 부끄럽고 창피한 마음 대신 당당한 자세로 최선을 다하니 점수에 크게 연연하지 않게 되었다. 자신의 단점을 감추려고 하지 않고, 있는 그대로 당당하게 표현하는 순간, 정희를 괴롭히던 열등감은 사라졌다. 걸음걸이도 쉽진 않지만 고치려고 꾸준히 노력했다. '열심히 연습하다 보면 언젠간 예쁜 걸음걸이를 갖게 되겠지?'라는 긍정적인 생각의 힘으로 스스로를 조금씩 예뻐하기 시작했다. 있는 그대로 자신의 모습을 사랑하기로 결정한 것이다.

'난 키가 작으니까 귀여움으로 무장하겠어!'

정희는 단점인 키를 장점으로 만들기로 전략을 바꿨다. 남들보다 더 많이 웃고 긍정적인 생각을 했다. 그래서 캠프에서 유난히 정희가 눈에 띄고 빛이 났던 것 같다. 웃는 얼굴, 긍정적인 마음은 정희를 더 아름답게, 빛나게 만들어주었고, 147cm의 키는 단점이 아닌 오히려 정희를 특별하게 만들어주는 매력이 되었다. '키 작은 아이'에서 '귀엽고 사랑스러운 아이'로 바뀌게 된 것이다. 자신을 특별한 존재로 여기고 있는 그대로의 나를 인정하니 자존감도 점점 높아졌다. 정희는 더 이상 미운 오리새끼가 아니라 세상에서 단 하나뿐인 아름다운 백조가 되어 있었다.

만약 정희가 자신의 콤플렉스와 열등감에서 벗어나지 못했으면 어땠을까? 아마 계속해서 불평불만만 하며 스스로 위축되고 모든 면에서 자신감을 잃어버렸을지 모른다. 남과 비교를 하는 순간 자신은 작고 초라하게 느껴진다. 이 시기에 극복하지 못하면 외모 콤플렉스는 성인이 되어서도 떨쳐내기 힘들다.

세상에 똑같은 사람은 한 명도 없다. 제각기 생김새도 다르고 성격 또한 다르다. 누구나 저마다 고유의 개성을 가지고 있고, 개성은 자신만이 가진 장점이다. 나를 아름답게 만드는 가장 쉬운 비결은 바로 나의 개성을 존중하고 있는 그대로의 자신을 먼저 사랑하는 것이다.

모든 사람은 누군가에게 사랑받기를 원한다. 그런데 나 자신조차 스스로를 사랑하지 않는다면, 누가 나를 사랑할 수 있겠는가? 자신의 외모에 대한 열등감은 인생의 걸림돌일 뿐이다. 그 걸림돌을 당당히 차버리고 있는 그대로 자신의 모습을 긍정하고 사랑하자. 자신의 가치는 스스로가 결정한다.

이제 여러분이 해야 할 일은 어제의 나보다 오늘의 나를 좀 더 사랑하는 것, 그것이 나 자신을 더 빛나고 아름답게 만드는 가장 큰 비결이다.

정희의 리얼 한마디

나 자신의 부정적인 단점 대신, 아주 특별한 장점을 찾아봐! 지금 네가 단점이라고 생각하는 바로 그 부분이 어쩌면 너의 매력 포인트일지도 몰라!

그리고 엄마, 늘 속상하게 해서 미안하고 사랑해. 아빠도 똑같이 사랑해! 우리 아프지 말고 행복하게 살자!

지혜's story

불합격 통지서를 받던 날

자신을 어떻게 생각하느냐가 자신의 운명을 결정짓는다.
-헨리 데이비드 소로우-

우리나라 청소년의 학업성취도는 세계적인 수준이지만, 청소년의 행복지수는 최하위라는 사실은 이미 여러 조사를 통해 알려진 사실이다. 청소년의 교육열은 높지만, 정작 아이들은 행복하지 않은 아이러니한 나라 대한민국. 1등도 꼴등도 저마다의 스트레스로 괴롭기는 마찬가지일 것이다.

모두가 부러워하는 1등조차 괴로운 이유는, 진로를 결정할 선택의 폭이 의외로 좁고 주변의 기대치가 너무 높기 때문이다. "넌 1등이니까 의대나 법대에 가야 해."라는 주변의 기대에 따라, 자신의 의지와 상관없이 검사, 변호사, 의사와 같은 소위 '사'자가 들어가는 엘리트 코스를 밟게 된다. 그러다 보니 진로 결정이 자유롭지 못한 편이고, 막상 남들이 다 부러워하는 대학에 가서도 뒤늦게 자신의 적성을 발견하고 다시 수능을 보거나 편입을 하는 친구들이 수두룩하다.

반면 성적이 뒤처진 아이들은 성적과 대학 진학 자체에 불안을 느낀다. "그 성적으로 대학이나 갈 수 있겠어? 너 대체 나중에 뭐가 될래?" 하는 주변의 무시와 무관심으로 인해 자존감과 꿈이 점점 작아지게 된다. 성적이 '나'라는 사람을 평가하는 것 같아 의기소침해지는 것이다.

이처럼 진정 원하는 일을 발견하지 못하면 1등이건 꼴등이건 인생의 출발선은 똑같은 셈이다. 대학이나 성적이 인생의 출발신을 결정하는 것이 아니다. 내가 진정 원하는 일을 찾는 그 시점부터 인생의 출발선은 달라지게 된다.

나의 Real Want를 찾아라

지혜는 다섯 살부터 쭉 충청남도 서산에서 살았다. 서산은 도시와 시골의 중간 지점에 있어서 어느 지역은 번화했고, 또 조금만 이동하면 산과 바다로도 갈 수 있는 자연친화적 환경이 조성되어 있다. 지혜의 부모님은 일부러 어릴 때 지혜를 시골로 보내 자유로운 분위기에서 공부하도록 해주셨다. 그래서 지혜는 초등학교 저학년 때까지 시골에 있는 학교를 다녔다. 시골 학교에서는 자주 야외 수업을 했고, 가끔은 수업 대신 창의적 사고를 기르는 놀이도 많이 했다. 그래서였을까, 지혜는 따뜻하고 긍정적인 사고방식을 가진 아이로 자랐다.

지혜는 언제나 반짝반짝 빛나는 꿈을 가지고 있는 아이였다. 플로리스트, 호텔리어, 파티플래너, 체육교사…. 자주 바뀌긴 했지만 하고 싶은 것이 늘 있었기 때문에 꿈이 없는 친구들처럼 불안해하지는 않았다. 오히려 꿈이 바뀔 때마다 '세상에는 또 어떤 흥미로운 직업이 있을까?' 기대하는 마음도 들었다.

무엇보다 지혜는 공부에 대한 자신만의 확고한 철학이 있었다. 나중에 정말 하고 싶은 일을 만났을 때 성적 때문에 좌절하는 일이 생기지 않도록 공부를 소홀히 하지 않는 것이었다. 구체적인 대학과 학과를 목표로 공부하진 않았지만, 자신이 어떤 선택을 해도 그것을 뒷받침해줄 성적은 필요하다고 믿었다. 특출하게 잘하지는 않았어도 중학교 때는 늘 상위권을 유지했고, 고등학교에 입학한 후에도 중상위권을 유지했다.

그러나 꿈이 많아도 고민이었다. 대학 진학을 앞둔 지혜는 그 많던 꿈 중에 딱 하나를 선택하는 것이 너무 어려웠다. 심지어 자신의 대학 생활을 모두 바칠 만큼 원하는 꿈은 정작 그중에 없는 것 같다는 생각마저 들었다. 막연하게 꿈만 많았지 자신이 진짜 좋아하고 원하는 일이 무엇인지는 생각해보지 않았던 것이다. 막상 내 삶을 맡길 만큼 확실한 꿈이 없다고 생각하니 막막해졌다. 공부하는 것조차도 의미 없게 느껴졌다.

고등학교 2학년부터 지혜는 학교선생님께 상담을 받으며 자신의 길을 찾기 시작했다. 그런데 아무리 노력해도 지혜의 마음을 만족시킬 만한 것은 나타나지 않았다. 고민을 거듭해도 답을 찾을 수 없게 되니 지혜는 점점 지쳐만 갔다. 그런 지혜를 물끄러미 바라보시던 상담선생님은 이렇게 말씀하셨다.

"지혜야, 네가 지금까지 살면서 가장 보람 있고 재미있게 느낀 일은 뭐였니? 네가 정말 원하는 것이 무엇인지 너의 'Real Want'를 찾아보렴."

지혜는 그동안의 삶을 되돌아보며 자신이 가장 보람과 재미와 의미가 있다고 느끼는 것이 무엇인지 생각해보았다. 시험 기간이었음에도 불구하고 지혜의 머리는 온통 선생님이 말씀하신 'Real Want'라는 단어로 가득했다. 곰곰이 과거를 회상하는 가운데, 자신이 친구들의 고민을 잘 들어주고 그 고민이 해결되어가는 과정을 지켜보며 뿌듯해했던 경험들이 떠올랐다.

중학교 때 일이었다. 친구들 사이에서 이간질을 심하게 하는 한 친구 때문에 반 전체에 큰 분열이 생겼다. 그때 가장 큰 피해를 입었던 친구는 가정형편이 어려운 상황이었다. 그 친구가 너무 힘들어하자 옆에서 지켜보고 있던 지혜는 그 친구의 고민을 들어주게 되었다.

"많이 힘들지? 잘 해결될 수 있을 거야."

"지혜야, 정말 그럴까? 왜 상황이 이렇게 됐는지 모르겠어. 괜한 오해가 생기고 너무 속상해…."

"그러게, 진짜 속상하겠다…. 같이 생각해보자. 왜 상황이 이렇게 됐는지, 그 상황에 네가 어떻게 했어야 했을지 말이야. 너는 앞으로 어떻게 했으면 좋겠어?"

지혜는 친구의 이야기를 잘 들어주면서 앞으로 어떻게 해야 할지에 대해 대화를 나눴다. 대화가 생각 정리에 도움을 주었는지, 친구는 기운을 차리고 지혜의 조언을 귀담아들으며 다시 관계를 회복하고자 노력하기 시작했다. 지혜는 그 순간의 뿌듯함을 아직도 잊지 못하고 있었다.

'그래, 이거야말로 내가 원하는 모습이야. 내가 진정 원하는 일은 이거야!'

지혜는 마침내 자신이 무엇을 할 때 뿌듯하고 즐거운지 깨닫게 되었다. 드디어 자신의 'Real Want'를 발견한 것이다. 지혜는 누군가가 고민을 해결하고 행복을 찾아갈 수 있도록 돕는 상담자의 길을 가기로 결심했다. 그렇게 지혜는 상담 관련 학과가 있는 대학을 목표로 삼고, 자신의 미래를 꿈꾸며 공부할 힘을 얻었다. 목표가 생기니 공부할 맛도 났고 무엇보다 강력한 동기부여가 되었다.

불합격이라니, 말도 안 돼!

자신이 진정 원하는 꿈을 찾은 지혜는 최선을 다해 공부했다. 그러나 인생은 그리 호락호락하지 않았다. 떨어지고, 붙고, 예비 번호가 뜨고…. 정신없이 불어오는 입시의 바람 가운데서 지혜도 혼란을 겪어야 했다. 심리학과에 진학해 청소년 상담을 전공하고 싶었던 지혜의 바람을 아는지 모르는지, 심리학과에 지원한 대학에서 전부 불합격 소식이 날아온 것이다.

'말도 안 돼. 내가 얼마나 열심히 공부하고 꿈꿔왔는데…. 이렇게 성적 앞에서 포기해야만 하는 걸까?'

열심히 하면 당연히 합격할 줄 알았건만, 그동안의 노력과 꿈이 물거품이 되는 것 같았다.

결국 합격한 학교 중 원하지 않는 학과에 진학해야 했다. 지혜는 이 모든 상황이 당황스럽고 혼란스러웠다. 자신의 미래와 계획이 몽땅 망가져 버린 것 같아 마음이 좋지 않았다.

그런데 막상 대학에 입학하고 나니 새로운 사람들을 만나고 새로운 상황을 겪게 되었다. 동기와 선배, 교수님들과 꿈을 나누며 자신이 그동안 몰랐던 많은 것들, 이곳에 오지 않았으면 결코 알 수 없던 것들을 배우는 계기가 되었다. 지혜의 닫혀 있던 마음은 차차 열리기 시작했고, 자신의 꿈에 대한 고정관념을 버리고 더 넓은 미래를 내다볼 안목을 기를 수 있었다.

지혜는 '내가 헛되이 보내는 오늘은 누군가가 간절히 바랐던 내일이다.'라는 말을 떠올렸다. 지혜가 어쩔 수 없이 선택한 지금 이 대학 역시 누군가에게는 꿈의 장소였을 것이다. 지혜가 살고 있는 이 삶 역시 어떤 이들이 간절히 꿈꾸던 삶이었으리라. 이런 생각을 하니, 잠깐이지만 원하던 학과에 합격하지 못했다고 힘들어하던 자신의 모습이 부끄러웠다.

지혜는 자신의 고향과 같은 작은 도시에는 청소년 관련 시설이 부족하고, 있다 해도 크게 활성화되어 있지 않음을 떠올리며 그들의 행복을 도울 수 있는 상담사로 성장하겠노라고 다짐했다.

지혜가 세웠던 계획이 100% 이루어지진 않았지만, 여전히 지혜는 꿈이 있고 목표가 있어 반짝반짝 빛이 났다. 앞으로 지혜는 4년의 대학 생활을 통해 헌신과 봉사의 역량을 기르며 차근차근 꿈을 향해 달려갈 것이다.

지금 지혜의 모습이 어떻게 보이는가? 원하던 길을 가지 못한 '루저'처럼 보이는가? 아니다, 전혀 그렇지 않다. 지혜는 지금 과거엔 꿈도 꾸지 못했던 행복한 생활을 하고 있다.

꿈을 찾고 싶을 때, 자신이 잘하는 게 없다고 느껴질 때, 공부를 못해서 대학은 내 길이 아닌 것 같을 때, 내 맘대로 되는 일이 하나도 없을 때, 꿈이 있는 사람들에 비해 뒤처진다고 느껴질 때, 남과 절대 비교하지 말자. 보지 않으면 보이지 않는 게 꿈이고, 원하지 않으면 생기지 않는 것이 내가 바라는 내 모습이다. 인생의 진짜 출발점은 자신이 원하는 것을 발견하는 그 순간이다. 자신이 진정으로 원하는 것을 발견할 때 너만의 온전한 미래가 열릴 것이다.

지혜의 리얼 한마디

공부를 잘하는 것도 중요하지만, 미래의 내 모습에 대한 확신을 얻는 게 먼저예요. 저처럼 원하는 학과에 불합격을 하더라도, 내 비전과 꿈만 뚜렷하다면 언제든 다시 일어설 수 있답니다!

은비's story

공부보다 다른 게 더 좋은걸요

그곳을 빠져나가는 최선의 방법은 그곳을 거쳐 가는 것이다.
-로버트 프로스트-

벚꽃이 만개한 화창한 봄날, 모교에서 학과 신입생을 대상으로 특강을 한 적이 있다. 기나긴 입시라는 굴레에서 벗어나 스무 살이란 꽃다운 이름으로 세상에 막 들어선 아름다운 이들. 선배로서 후배들에게 어떻게 대학 생활을 해야 하는지, 또 다른 관문 앞에서 어떤 방향을 향해 나아가야 하는지 마음을 담아 조언을 해주었다. 강의를 마치자 많은 후배들이 나에게 고민 상담을 해왔다.

"사실 점수에 맞추느라 어쩔 수 없이 이 학과에 오게 되었는데, 정작 제가 이 전공과 잘 맞는지 모르겠어요. 다시 반수를 해서 수능을 봐야 하나 그냥 계속 다녀야 하나 고민이 돼요…."

"그동안 뚜렷한 꿈이 없었는데 선배님 이야기를 듣다 보니 저도 비전이 생겼어요! 하지만 어디서부터, 무엇부터 시작해야 할지 막막해요…."

“새내기 시절부터 취업을 준비해야 하나요? 자격증 같은 스펙을 먼저 쌓아야 할지, 어학연수 준비를 해야 할지, 전공 관련 활동을 먼저 해야 할지…. 할 게 너무 많아서 걱정이에요.”

대학 진학이라는 목표를 달성한 이들조차 이토록 많은 고민을 가지고 있었다. 청소년 시절에는 ‘일단 대학부터 가서 생각하자.’라며 자신의 꿈과 진로에 대한 고민보다는, 어떻게 하면 성적을 더 잘 받을 수 있을지, 더 좋은 대학교를 가려면 어떻게 해야 하는지만 고민해왔던 것이다.

후배들에게 강의를 하고 돌아가는 길, 문득 나의 스무 살이 떠올랐다. 나는 지독하게도 외롭고 혹독한 스무 살을 보냈다. 방황하던 고등학교 시절, 밑바닥까지 떨어진 성적으로 대학은 꿈도 꿀 수 없었다. 꿈과 진로를 고민할 틈도 없이 공부를 멀리하며 방황하는 사춘기를 보냈다. 고3이 되어 뒤늦게 나의 진로에 대해 고민을 하게 되었지만 시간을 되돌리기에는 이미 늦었기에 재수를 선택했다. 20세의 나는 재수생이었다. 재수를 하며 끊임없이 나의 인생에 대해 고민했고, 자신과의 싸움에서 이겨내야 했다. 물론 그 끊임없던 고민이 지금 내 인생의 방향을 잡아준 밑거름이 된 것은 더 말할 필요도 없다.

이 책을 읽고 있는 여러분도 끊임없이 자신의 인생에 대해 고민해야 한다. 은비처럼 말이다.

동아리를 몇 개나 가입하는 거야?

은비는 초등학교 때부터 '스튜어디스'라는 직업을 갖는 것이 꿈이자 목표였다. 하지만 중학교 성적이 너무 낮았고, 고등학교에 진학을 해서도 은비의 성적은 바닥이었다.

'스튜이디스가 되려면 어느 대학에 가야 하지?'

'이 성적으로 대학에 갈 수나 있을까?'

'스튜어디스는 꿈도 못 꾸겠어. 이대로 포기해야 하나?'

성적이 통 오르지 않자, 은비가 어릴 적부터 동경해오던 '스튜어디스'란 꿈은 현실에서 점점 멀어져만 갔다. 하지만 은비는 포기하고 싶지 않았다. 계속해서 자신이 무엇을 좋아하고 잘하는지 자신의 진로에 대한 고민을 멈추지 않았다.

은비는 활발하고 사람들을 만나는 것을 좋아하는 편이었다. 공부는 자신이 없었지만 공부 때문에 스트레스를 받고 힘들어하는 것보다 다양한 활동을 통해 자신을 계발해나가기로 마음먹었다.

고등학교 1학년 학기 초가 되자, 다양한 동아리에서 신입생을 모집하는 홍보활동을 펼쳤다. 은비도 동아리에 가입하고 싶어 여러 분야를 두고 고민에 빠졌다.

'어떤 동아리에 들지? 흐음, 나는 사람 만나는 걸 좋아하니까 다양한 사람들을 만날 수 있는 동아리에 들어야겠다!'

처음에는 '신문부'라는 동아리에 관심이 갔다. 글을 잘 쓰는 것도 아니고, 신문을 좋아하거나 즐겨 읽는 것도 아니었지만, 선생님이나 선후배 등 다양한 사람들을 만나 인터뷰도 할 수 있고 동아리 부원 사이의 관계도 좋다는 이야기에 관심이 갔다. 신문부에 바로 지원을 하고 면접을 보았다. 결과는 합격이었다!

그렇게 신문부 부원으로 활동을 하던 중 이번에는 교내 방송부와 교외 봉사단을 모집하는 공고를 보게 되었다. 공고문을 보자마자 은비는 초등학교 때 방송부 면접을 봤다가 떨어진 기억이 났다.

'언젠가 방송부는 한번 꼭 해보고 싶었는데…. 어쩌지, 신문부 활동이랑 같이 할 수 있을까? 으음, 일단 지원이라도 해봐야겠다!'

은비는 조금 망설이다가 결국 방송부에 지원했다. 그와 동시에 대외적으로 활동하는 봉사단에도 지원서를 제출했다. 일단 마음으로 결정을 하면 즉시 실천하는 것은 은비의 큰 장점 중 하나였다. 그렇게 지원한 방송반과 봉사단 역시 운 좋게 합격해, 은비는 고등학교 1학년을 무척 바쁘게 보내야 했다.

두 가지 동아리와 교외활동을 동시에 하면서 시험공부는커녕 수업과 야자도 많이 빠지는 통에 선생님들께 혼이 나기도 했다. 하지만 은비는 자신의 소신을 지키고 꾸준히 활동을 유지했다.

2학년이 되어서도 교외에서 봉사를 하던 은비는 우연히 '화성시 청소년 운영위원회'라는 교외활동을 접하게 되었다. 한 달에 한두 번씩 정기모임에 참석해야 하고, 프로그램도 기획하고 실행하는 등 제법 할 일이 많았지만 은비는 어떤 것도 놓치지 않는 욕심쟁이였다. 그뿐 아니라 적극적인 모습과 원만한 인간관계로 '부위원장'으로 선출되기도 했고, 성실하게 모범적으로 활동하였기에 연말에 '우수 청소년 운영위원' 표창장을 받기도 했다.

고민은 또 다른 생각의 길을 열어준다

고등학교 2학년까지 바쁜 나날을 보내던 은비에게도 어느덧 대입을 준비해야 하는 시기가 찾아왔다. 솔직히 너무 막막했다. 남들은 고등학교 1학년 때부터 수능 준비를 한다고 하던데 은비는 고등학교 1~2학년 동안 이런저런 활동을 하느라 내신이나 수능에는 신경을 쓰지 못했으니 말이다.

대부분은 고3 수험생이 되면 본격적인 수능 준비에 돌입하기에 동아리나 대외활동을 하지 않는 편이다. 하지만 은비는 수험생이 되어서도 여전히 또 다른 활동에 도전하고 싶었고, 마침 계기가 되어 '경기도 청소년 홍보대사'로까지 활동하게 되었다.

이렇게 남들은 책상 앞에서 대입을 준비할 때, 은비는 자신이 더 행복하고 즐거운 활동에 집중했다. 망설이지 않고 실행에 옮겼다.

고등학교 3학년 중간고사를 마친 뒤, 은비는 담임선생님과 상담을 했다. 사실 성적이 좋지 않은 터라 걱정을 했는데 눈높이를 조금 낮추니 생각했던 것보다 갈 수 있는 학교가 꽤 있었다. 진로선생님을 찾아가 상담도 많이 받고, 대학교 박람회나 대학교에서 주최하는 강연 등을 찾아다니며 정보를 얻기도 했다.

그 결과, 은비가 학창 시절에 열심히 시간과 노력을 투자했던 활동들을 토대로 입학사정관제로 지원을 할 수 있었다. 갈 대학이 없을까 봐 걱정했던 것과 달리, 예상보다 훨씬 많은 학교에 지원하게 되었고, 자신의 적성에 잘 맞는 학과에 입학할 수 있게 된 것이다.

어느덧 사회인이 된 은비는 지금도 여전히 자신의 직업에 대해 끊임없이 고민하고 탐구하는 중이다.

세상에 고민 없는 십대가 있을까? 고민 없는 십대는 십대가 아니다. 십대이기 때문에 자신의 인생 앞에 방황도 하고, 좌절하고, 절망하기도 하며 아파하는 것이다. 그런데 여기서 잠깐! '고민'과 '생각'의 차이는 무엇일까? 이 둘은 비슷한 얼굴을 하고 있지만 사실 전혀 다르다. 사전적 의미를 찾아보면 '고민'은 마음속에서 괴로워하고 애를 태우는 것, '생각'은 머리를 써서 사물을 헤아리고 판단하고, 어떤 일을 하려고 마음먹는 것을 뜻한다. 《세계의 엘리트는 왜 이슈를 말하는가》의 저자 아타카 가즈토는 '고민하다'는 '답이 안 나온다'라는 전제로 생각하는 척을 하는 것이지만, '생각하다'는 곧 '답이 나온다'라는 전제로 건설적인 생각을 조립하는 것이라고 말했다.

여러분이 겪고 있는 십대라는 시기에는 공부, 성적, 진로, 꿈, 친구관계 등 크고 작은 사소한 고민 하나하나가 죽기보다 힘들고 아플 것이다. 그러나 미래가 불안하고 현실이 막막해 힘들지라도 그 고민을 회피하지 말고, 고개를 돌리지도 말고, 그 고민을 생각으로 바꾸며 당당하게 맞서보자.

이왕 하는 고민이라면 걱정과 조바심으로 괴로워하는 것이 아니라, 나의 마음을 좀 더 헤아려주면서 곧 해결될 거라는 긍정적인 방향으로 '생각'해보는 건 어떨까? 더 이상 내 앞에 다가온 고민 앞에 겁먹지 말자. 고민하지 말고 생각해보자. 지금 하는 고민이 분명 여러분에게 또 다른 생각의 길을 열어줄 것이다.

은비의 리얼 한마디

여러분, 고민만 하지 말고 실천하세요! 망설이다 보면 기회는 영영 오지 않을지도 몰라요.

소연's story

때로는 조금 멀리 돌아가도 괜찮아

자아는 이미 만들어진 완성품이 아니라 끊임없이 행위의 선택을 통해
형성되는 것이다.
-존 듀이-

현장에서 청소년을 만나는 일을 하다 보니 많은 학생들이 종종 내게 찾아와 조언을 구하거나 상담을 받곤 한다.

"쌤, 부모님은 제게 안정적인 공무원을 하라고 하시는데 저는 연예인이 하고 싶어요. 어떻게 부모님을 설득할 수 있을까요?"

"저는 꿈이 있지만 성적이 낮아서 그 학과가 있는 대학에 못 갈 것 같아요. 이젠 늦었겠죠?"

"다른 친구들은 벌써 진로도 결정하고 꿈을 찾았는데 저는 아무것도 관심이 없어요. 이러다 저만 뒤처지는 건 아닌지 불안해요. 저는 어떻게 하면 좋을까요?"

이들의 고민은 비슷한 것 같으면서도 참 가지각색이다. 하지만 이들에게 들려주는 나의 대답은 하나였다.

"쌤이 볼 때, 지금 네가 하는 고민의 답은 이미 스스로 알고 있는 것 같은데? 너 자신에게 솔직하게 물어봐. 네가 지금 생각하는 것, 그게 바로 정답이야!"

꿈은 나를 배신하지 않을 거야

소연이는 청소년기를 보내는 동안 진로에 대한 걱정을 해본 적이 없다. 중학교 3학년 때부터 '상담사'가 되어야겠다는 꿈을 가지고 있었기 때문이다.

이렇게 확고한 방향이 있었기에 소연이는 고등학교 입학 후 3년 동안 '또래 상담' 동아리 활동을 해왔다. 상담자 교육을 받고, 직접 친구들을 상담해주는 활동도 했다. 화성시 청소년 상담 복지센터에서 주관하는 '화성시 솔리언 또래 상담 연합회'에서 활동하며 아직 진로를 찾지 못한 친구들에게 도움을 주는 일이 소연이에게는 무엇보다 보람 있었다.

사실 소연이는 고등학교를 살던 곳과 다른 지역으로 가서 학교에 친구들이 별로 없었다. 그래서 학기 초에 동아리를 고를 때, 더 많은 친구들을 사귀고 함께 시간을 보내는 동아리에 들까 고민도 했었다. 하지만 결국 자신의 꿈을 위해, 아는 사람이 아무도 없는 또래 상담 동아리에 들어간 것이다.

소연이는 그때 그 선택이야말로 지금까지 자신이 한 선택 중 가장 잘한 것이라고 말한다. 그때 동아리에 들지 않았다면 자신의 꿈과 관련된 많은 경험을 하지 못했을 테니까 말이다.

학창 시절 내내 소연이는 자신의 꿈을 향한 발걸음을 멈추지 않았다. 자신이 할 수 있는 경험은 모두 하고자 노력했다. 그러면 꿈은 결코 나를 배신하지 않을 거라고 믿으면서 말이다.

정답은 내 안에 있어

그러나 고3을 앞두고, 소연이 역시 여느 학생들과 같이 큰 슬럼프를 겪게 되었다. 뚜렷한 꿈은 있었지만, 성적이 따라주지 않아 관련 학과에 갈 수 없었기 때문이다. 3년간 열심히 꿈과 관련된 활동을 해왔는데, 정작 그로 인해 성적은 뒤처져버린 것이다.

'이럴 줄 알았으면 공부도 좀 더 열심히 하는 건데….'

소연이는 뒤늦게 후회가 되었다. 머리가 복잡했다.

'공부로 안 된다면 다른 길을 찾아볼까? 고3이 되면 취업반을 모집한다던데 취업반에나 들어갈까?'

소연이는 선택의 기로에 섰다. 자신의 꿈인 상담사를 포기해야 할지도 모른다는 생각이 들었다. 이런 고민을 학교 상담선생님께 털어놓았다. 자신이 지금까지 상담사의 꿈을 위해 어떻게 노력했는지, 하지만 그 결과가 어땠는지, 이대로 꿈을 포기해야 할지 아니면 다른 대안을 찾아야 할지…. 그동안 마음속에 꾹꾹 담아놓았던 고민을 하나둘 선생님 앞에 꺼내놓았다.

"소연아, 너만큼 열심히 고등학교 생활을 하면서 꿈을 준비하는 친구도 드물단다. 분명 방법이 있을 거야. 네가 왜 상담사를 꿈꾸는지, 네가 무엇을 해야 할지 잘 생각해보렴."

상담선생님의 조언을 들은 소연이는 자신의 꿈에 대해 새삼 깊은 생각에 빠졌다.

'그래, 그동안 상담사가 되기 위해 내가 얼마나 열심히 노력해왔어? 성적 때문에 이렇게 포기할 순 없어. 지금 나처럼 고민을 하는 청소년을 돕는 상담사가 반드시 되고 말겠어!'

소연이는 다시 한 번 자신의 꿈에 대한 확신을 가지게 되었다. 결국 고민에 대한 답은 소연이 자신이 가장 잘 알고 있었다. 스스로 답을 찾은 소연이는 슬럼프를 극복하기 위해 무엇보다 스스로 마음을 다잡는 노력을 많이 했다. 어쩌면 소연이는 자신이 무엇을 원하는지, 어떻게 해야 하는지 이미 답을 알고 있었지만, 누군가로부터 자신의 결정이 맞는지 확인받고 응원받고 싶었는지도 모르겠다.

이후 소연이는 공부가 되지 않을 때마다 미래에 꿈을 이룬 자신의 모습을 상상하며 조금이라도 더 책상 앞을 지켰다. 지금의 성적으로는 자신이

가고 싶은 심리학과나 상담학과에 지원할 수 없었기에 다른 대안도 모색하기 시작했다.

그러다가 우연히 '청소년학과'라는 전공을 소개받았다. 생소한 학과여서 호기심에 알아보았는데, 커리큘럼을 잘 살펴보니 자신이 원하던 심리학과나 상담학과보다 훨씬 더 흥미로웠고, 꼭 배우고 싶다는 생각이 들었다. '이걸 배우면 이런 식으로 사용할 수 있겠다!'하는 구체적인 활용방법까지 구상할 수 있었다.

소연이는 "목표를 향해 일직선으로 가는 것도 좋지만, 돌아가 다양한 경험을 해보는 것이 오히려 더 나을 수도 있다."는 학교선생님의 말씀을 듣고 마음을 굳히게 되었다. 그렇게 소연이는 청소년학과에 진학하여 상담사의 꿈을 향해 한걸음 한걸음 내딛는 중이다.

지금은 누구나 불확실한 미래를 향해 준비하는 시기이다. 그러다 보니 난생 처음 겪는 고민들로 방황하기도 한다. 지금은 여러분의 꿈 멘토인 나 역시 청소년기에는 하락하는 성적, 사춘기의 심벌이라 불리는 여드름과 점점 찌는 살, 점점 사라져가는 꿈, 친했던 친구들과의 갈등 등 크고 작은 고민들로 스트레스를 많이 받았다.

고민 앞에 놓여 있을 때마다 어떤 결정을 내려야 할지, 이게 과연 옳은 것인지, 내가 잘하고 있는 것인지 자신이 없어지곤 했다. 이럴 때 내 옆에서 누군가 고민을 해결해주고 조언을 해주는 사람이 있다면 얼마나 좋을까 하고 바라기도 했다. 사실 항상 내 옆에 그런 사람은 존재했다. 바로

'나 자신' 말이다.

미국의 시인 E. E. 커밍스가 말했다.

"너 자신이 아닌 누구도 되지 마라. 밤낮으로 널 다른 사람들과 똑같은 사람으로 만들기 위해 최선을 다하는 세상에서, 이는 인간으로 할 수 있는 가장 치열한 전투가 될 것이다. 그 싸움을 멈추지 마라."

모든 질문과 고민에 대한 답은 이미 내 안에 있다. 여러분 또한 이미 답을 알고 있다. 그럼에도 내 안의 답을 다른 사람들과 똑같이 만들려고 하는 세상 속에서 그 누구보다 자기 자신을 믿어라. 여러분은 생각보다 강하고 지혜롭다!

소연이의 리얼 한마디

혹시 자신이 원하던 곳으로 곧장 가지 못한다고 해도 실망하거나 포기하지 마세요. 조금 돌아갈지 모르지만 꿈에 대한 열정만 있다면 결국 목표에 도달할 테니까요!

두황's story

난 학교가 너무 싫어

우리는 모두 같은 하늘 아래 살지만 같은 지평선을 바라보고 있지는 않다.
-콘래드 아데나워-

뜨거운 여름이 막 시작되려는 6월, 한중 청소년 국제교류 청소년지도자 대표로 선발된 나는 7박 8일 동안 청소년을 인솔해 중국을 방문하게 되었다. 출국 하루 전날 한중 교류단으로 선발된 청소년들과 합숙을 하며 사전 미팅을 가졌다. 내가 담당하게 된 30여 명의 청소년 대표단과 처음 마주한 날, 한 남학생과 눈이 마주쳤다. 서로 누가 먼저랄 것 없이 씨익 웃으며 눈인사를 했다. 부산에 살고 있는 당시 고등학교 2학년인 두황이와의 첫 만남은 그렇게 시작되었다.

일주일간 중국 교류 활동을 하는 동안 두황이와 나는 많은 대화를 나누며 친하게 지냈다. 두황이가 워낙 싹싹하고 예의 바른 친구였기에 다른 학생들 사이에서도 인기가 좋았다. 중국 교류 활동이 끝난 후에 제일 먼저 내게 안부 문자를 준 친구도 두황이다.

이번 책을 쓰면서 두황이의 이야기도 담고 싶어 두황이에게 도움을 청했다.

“두황아, 쌤에게 네 이야기를 들려줄 수 있겠니? 두황이가 가장 힘들었던 순간을 어떻게 이겨냈는지 말이야. 너의 이야기가 다른 친구들에게 도움이 될 수 있지 않을까?”

“저요? 전 특별한 일도, 잘하는 것도 없는데 제가 도움이 될까요?”

두황이는 잠시 망설였지만 곧 자신의 이야기를 들려주었다. 두황이의 고등학교 시절 이야기를 듣던 나는 깜짝 놀랐다. 사교적이고 밝아 보이기만 했던 두황이가 학교 부적응으로 많이 방황했다는 사실을 처음 알게 되었기 때문이다.

학교를 거부하다

해마다 수만 명의 청소년들이 ‘학교 부적응’을 이유로 학교를 떠나고 있다. 두황이 역시 학교를 떠날 위기에 놓여 있는 학생이었다. 수능을 마치고 대입 원서를 쓰는 학생들이 가장 걱정하는 것은 보통 성적이겠지만, 두황이의 고민은 출결사항이었다. 그 정도로 두황이는 고등학교에 마음을 붙이지 못하고 항상 방황하는 ‘학교 부적응자’였던 것이다.

이야기를 듣던 나는 두황이에게 물었다.

“두황아, 무엇이 널 학교에 마음을 붙이지 못하게 만들었니?”

그러나 두황이도 자신이 왜 그랬는지 뚜렷하게 이유를 설명할 수가 없었다. 교우관계도 원만했고, 가정환경도 특별히 어려운 부분은 없었다. 선생님들과도 친하게 잘 지냈고, 진로도 무난하게 결정한 상태였다. 그런데도 두황이는 항상 학교가 싫었다. 다니고 싶지 않았다.

"그때는 잘 몰랐는데, 지금 생각해보니 학교 특유의 경쟁과 비교, 줄 세우기가 너무나도 싫었던 것 같아요. 제 내면에서 그런 경쟁 위주의 교육 환경을 거부했던 게 아닐까요."

두황이는 일단 학교에 가면 겉으로는 별 문제 없이 잘 지내는 것처럼 보였지만 속으로는 학교의 존재 자체를 거부했던 것이다. 어쩌면 두황이는 사회에 대한 정의감이 강했던 것 같다. 그 표현의 하나로 학교를 밀어냈는지도 모르겠다. 두황이는 자퇴까지 심각하게 고민하며 학교 이외의 길에 대한 많은 고민을 했다. 특히 고등학교 1학년 때는 일부러 지각을 하거나, 교복을 입고 나와서도 학교에 들어가지 않고 거리를 돌아다녔다. 그러다 보니 담임선생님께 불려가는 일이 한두 번이 아니었다.

"두황아, 무슨 일 있니? 별 문제는 없어 보이는데 자꾸 지각을 하거나 결석을 하니 걱정이 되는구나."

조용하고 평범한 학생인 줄 알았던 두황이가 유독 출결 부분에서 말썽을 많이 일으키니 선생님들은 아이가 비행을 일삼는 것은 아닌지 걱정을 하셨다. 가족들도 두황이의 학교 문제 때문에 골머리를 앓았다. 학교 건물 안에 들어가면 별다른 문제없이 잘 지낼 수 있으면서도 두황이는 학교로

부터 자꾸 도망만 쳤다. 결국 많은 결석과 지각이라는 기록만 남긴 채 1학년을 간신히 마무리하게 되었다.

'이런 기록을 가지고 남은 학교생활과 대학 진학을 제대로 할 수 있을까? 그냥 이대로 학교를 떠날까? 아니면 그냥 다녀야 하나?'

불안과 걱정으로 가득한 시간이 흐를수록 두황이는 자퇴 생각이 더욱 간절해졌다.

그럼에도 불구하고

2학년을 앞둔 겨울방학은 두황이에게 터닝 포인트가 된 시기였다. 두황이는 상담도 받고 진로, 진학 등 앞으로 자신의 인생에 대해 진지하게 고민했다.

'이대로 학교를 그만두면 내게 남는 건 뭐지? 이런 현실에 대한 불만 때문에 내 인생을 포기할 순 없어. 그래, 학교에 남자! 현실이 바뀔 수 없다면 내가 바뀌어서 스스로 대항할 수 있는 힘을 기르는 거야.'

그렇게 자신과의 싸움 끝에 결국 두황이는 학교에 남기로 결정했다. 그리고 학교에 반드시 머물겠다는 자신만의 삶의 원칙과 기준을 세웠다. 하지만 학교에서 겉돌던 습관이 하루아침에 고쳐질 리 없었다. 그래서 2학년 새학기가 시작하면서 새롭게 만나게 된 선생님께 솔직하게 자신의 고민과 상황을 다 고백하고 지도를 부탁드리기도 했다.

학교에 대한 거부감이 마음 한 구석에 여전히 남아 있었지만, 두황이는 더 이상 예전처럼 무모하게 학교를 피하는 행동은 하지 않았다. 성적만능주의나 경쟁구도 앞에서 여전히 불만족스러웠지만, 동아리 활동이나 다양한 교외 활동을 통해 그 불만을 해소하고자 노력했다.

그 노력 중 하나가 바로 청소년 국제 교류단 활동이었다. 친구의 소개로 한중 교류단 선발에 대해 접하게 되었는데, 당시 두황이는 과목 중에서 역사를 가장 좋아했다. 특히 한국사와 중국사를 좋아하던 두황이에게 중국을 직접 방문하는 국제 교류 활동은 무척 흥미롭게 다가왔다.

'꼭 선발돼서 중국에 가고 싶다. 제발 합격하길!'

무엇인가 이토록 간절히 바라본 것은 정말 오랜만이었다. 두황이의 간절함을 알아주기라도 하듯 두황이는 한중 교류단으로 최종 선발되었다. 대한민국 청소년을 대표해 중국과 교류 활동을 하게 된 것이다. 스스로가 어찌나 자랑스럽고 대견했는지 모른다. 국제 교류 활동을 비롯한 다양한 교외 활동은 학교를 거부했던 두황이의 마음이 조금씩 열리도록 도와주었다.

3학년이 되자 발등에 불이 떨어졌다. 1학년 때 워낙 잦은 결석과 지각으로 출결 기록이 엉망이었기에 대학 진학에서 어려움을 겪게 되었다. 그제야 두황이는 후회했다.

'그때 내가 왜 그렇게 무책임하게 행동했을까….'

아무도 두황이를 질책하지 않았지만, 두황이는 너무나도 부끄러웠다. 하지만 그럼에도 불구하고 여전히 학교를 떠나지 않고, 있는 자리에서 최선을 다하기로 한 두황이의 결정은, 인생의 가장 탁월한 선택이었다. 두황이는 그렇게 어른이 되어가고 있었다.

내 인생의 주인은 바로 나

이제 대학에 입학한 두황이는 학교에 잘 적응하여 신입생 생활을 맘껏 누리고 있다. 더 이상의 학교 부적응은 없다. 자신의 삶의 가치 기준을 바탕으로 이제는 자신에 대한 모든 행동은 스스로 책임져야 한다는 것을 누구보다 더 잘 알고 있기 때문이다.

인터뷰를 마치며 두황이게 물었다.

"두황아, 지금 어떤 꿈을 가지고 있는지 말해줄 수 있겠니?"

"제 꿈이요? 사실 예전에는 사회의 정의를 실현하는 기자가 되고 싶었거든요. 제가 거부했던 사회현실을 바로잡고 싶은 맘이 있었나 봐요. 그런데 지금은 꿈이 바뀌었어요."

"무슨 꿈으로 바뀌었는데?"

"상담사가 되고 싶어요. 저처럼 어려움을 겪고도 마음을 열지 못하는 사람들이 생각보다 많은 것 같아요. 저도 힘들었을 때 누군가에게 도움을 받았듯이, 저도 그런 사람들에게 도움을 줄 수 있는 사람이 되고 싶어요."

두황이와 대화를 마친 후 어쩐지 가슴이 뭉클해짐을 느낄 수 있었다. 그렇게 힘든 학창 시절을 보냈음에도 내게 마음을 열고 자신의 이야기를 들려주어서 고마웠다.

자신의 위기를 잘 극복하고 오히려 그 시련을 통해 새로운 꿈에 도전하는 두황이. 힘들었던 십대를 보냈기에, 그 마음을 잘 알기에 상대방의 마음을 잘 이해하고 공감해주는 따뜻한 상담사가 될 수 있으리라 믿는다.

인생은 선택의 연속이다. 한 번의 선택에 따라 인생이 달라진다. 그 선택에 있어서 나만의 가치 기준이 없으면 남들의 기준과 시선에 따라 휩쓸려가게 된다. 누군가 내 인생에 대한 제안이나 조언은 할 수 있지만, 아무도 내 인생을 책임질 수는 없다. 내 인생의 주인은 나이기 때문이다.

두황이의 리얼 한마디

일단 어떤 결정을 내렸든 본인이 신중하게 생각해보고 내린 결정이라면 당연히 모두 존중받아야 해요. 그러나 존중받기 위해서는 '책임'이 우선되어야 하죠. 젊기 때문에 가슴이 더 예민하고 뜨거운 여러분들이 자신의 인생에 대해 신중하고 책임감 있는 모습으로 더 멋진 미래를 만들어가길 바랍니다!

꿈쌤이 알려주는 '나'를 지키는 꿀팁!

아직도 내가 누구인지, 나다운 게 무엇인지 모르겠다면 쌤이 알려주는 꿀팁을 기억하세요! 나 자신을 지키는 가장 좋은 방법은, 바로 내 스스로 자기 자신을 '존중'하는 것이랍니다.

쿨하게 지금 나의 환경을 인정할 것

'우리 집은 왜 이렇게 가난할까? 부모님은 왜 이혼하셨을까? 나는 왜 이렇게 태어났을까? 왜 나한테만 이런 일이 생기는 걸까? 세상은 정말 불공평해!'

지금 자신의 환경을 원망하거나 탓하며 열등감으로 인해 스스로를 절벽으로 내몰고 있지는 않나요? 아무에게도 보이고 싶지 않은, 마음 깊숙한 곳에 감추어둔 나의 열등감과 상처를 피하지 말고 정면으로 마주해보세요. 내 상처를 비난하는 사람은 타인이 아닌 나 자신뿐입니다. 쿨하게 지금의 환경을 받아들이세요. “그게 뭐 어때서?” 하고 당당하게 세상을 향해 외쳐보세요. 그때 비로소 나 자신을 똑바로 바라볼 수 있습니다.

내 마음속 진심에 귀 기울일 것

내 마음의 상처로부터 쿨하게 벗어났다면, 이번에는 내 마음과 솔직하게 대화할 차례입니다.

① 내가 흥미 있고 좋아하는 것

② 내가 가치 있다고 생각하는 소중한 것

③ 내가 잘하는 것

④ 내가 해보고 싶은 것, 잘하고 싶은 것을 자유롭게 기록해보세요.

위의 질문에 답하다 보면 자신의 흥미, 가치, 적성에 다가갈 수 있을 거예요. 그것이 바로 여러분 마음속에서 꿈틀대고 있는 여러분의 'Real Want'일지도 모른답니다. 내 마음속 진심을 더 이상 외면하지 마세요. 애타게 여러분을 기다리고 있을 테니까요.

오직 '나만의 답'을 찾을 것

대한민국 교육이 안고 있는 가장 큰 문제점은, 똑같은 답을 요구하고 똑같은 목표를 향해 달려가고 있다는 점입니다. 이유도 모른 채 그저 남들이 가는 길을 따라가고 있을 뿐이죠. 그러나 반드시 기억해야 하는 사실은, '타인'이 아닌 '나만의 답'을 향해 달려야 한다는 것입니다. 남들이 다 하는 것이라고 해서 나조차 똑같이 할 필요는 없어요. 부모님과 친구들에게 휩쓸리지 말고, 잠시 멈추거나 조금 돌아가는 한이 있더라도 스스로 고민하고 생각해서 답을 찾아내야 합니다. 그렇게 내린 결정이 어떤 결과를 가져올지라도 후회는 없을 거예요. 내 인생의 주인인 내가 내린 결정이니까요.

나를 믿을 것

혹시 내가 내린 결정이 불안하고 미심쩍어 선뜻 첫걸음을 내딛지 못하고 망설이고 있나요? 그럴 땐 눈 딱 감고 자기 자신을 믿어보세요! 내가 나를 믿지 못한다면, 세상 누구도 나를 믿어주지 않을 거예요. 나를 믿고, 내가 내린 답을 믿고 이제 그 길로 힘차게 달려가 보는 거예요. 혹시 가다가 막다른 골목을 만나면 다시 돌아가면 그만입니다. 길이 없어 어디로 갈지 헤매게 되면 여러분이 길을 만들어서 가면 되죠. 결과가 아닌 과정을 즐기면 되는 거예요. 나를 믿고 이 세상에 맞서 도전하는 그 기분을 느껴보길 바랍니다. 세상에 정답과 오답은 없어요. 해답만 있을 뿐이죠.

Special Interview

5년 후 만난 책 속 주인공 이야기 _ 민솔

꿈쌤 : 민솔아, 안녕! 이 책이 처음 나올 때만 해도 민솔이가 고등학생이었는데, 이젠 대학생이 되었구나. 5년 전에 책 속 주인공이 되었을 때 기분이 어땠어?

민솔 : 한창 진로에 대해 고민할 때 꿈쌤이 연락을 주셨던 기억이 나요. 그래서 제 이야기도 술술 말씀드릴 수 있었고요. 제 이야기가 들어간 책이 나오는 게 무척 신기하고 뿌듯했어요.

꿈쌤 : 5년 전 민솔이의 이야기를 5년이 지난 지금 다시 읽어보니 어때?

민솔 : 그땐 힘들었지만, 돌이켜보면 그때의 고민이 있었기에 지금의 제가 있다고 생각해요. 나를 다시 한 번 돌아볼 수 있었으니까요. 제가 좋아하는 일을 찾고 나니까, 앞으로 무엇을 해야 하는지 명확해졌고 그 과정도

즐길 수 있었어요.

꿈쌤 : 앞으로 민솔이는 어떤 일을 하고 싶어? 너의 꿈을 말해봐!

민솔 : 누구나 즐길 수 있는 도서관을 운영하고 이를 많은 이들에게 알리고 싶어요. '도서관' 하면 공부하는 곳, 책 읽는 곳만 떠올리는 사람이 많잖아요. 하지만 고등학생 때 문헌정보학과를, 대학생 때 사서를 준비하며 바라본 도서관은 전혀 그렇지 않더라고요. 책과 함께 여행을 떠날 수도 있고 새로운 기술을 배울 수 있는 복합 문화 공간이었어요. '많은 이용자가 이러한 도서관을 활용하여 함께 성장하도록 돕는 것'이 지금의 제 꿈이에요.

꿈쌤 : 이야, 진짜 멋지다! 마지막으로 민솔이와 같은 고민을 하고 있는 후배 청소년들에게 한마디 남겨볼래?

민솔 : 내가 좋아하는 것을 알아가기 위해 다양한 경험을 해보면 좋겠어요. 많은 경험이 진로 선택에 큰 도움이 되었고 이러한 경험이 다른 도전에도 영향을 주었어요. 어떤 일이건 의미 없는 경험은 없다고 생각해요. 자신에 대해 알아가는 모든 경험을 응원합니다!

Relationship

“너는 혼자가 아니야”

PART 02

현아's story

왜 다들 나만 미워해?

인생은 용서와 함께하는 모험이다.
-노먼 커즌스-

"한 명의 진실한 친구는 천 명의 적이 우리를 불행하게 만드는 것 이상으로 우리를 행복하게 한다."

중세 독일의 궁정시인인 에센바흐가 남긴 말이다. 세상을 살아가면서 내 곁에 진정한 친구가 한 명이라도 있다면 그건 성공하는 인생이라는 말도 있다. 특히나 청소년 시기의 친구는 부모님보다 더 절대적으로 영향을 끼치는 존재다. 그렇기에 좋은 친구들을 사귀고, 그들과의 관계를 원만하게 유지하는 것이 십대에게는 아주 중요한 미션 중 하나이기도 하다. 이 미션을 무사히 완수해낸 친구들은 비교적 즐거운 학교생활을 보내지만, 그렇지 않으면 두렵고 불안한 마음에 우울증에 빠지기도 한다. 그렇기에 좋은 친구를 만나는 것은 무척 귀하고 아름다운 일이 아닐 수 없다.

반복되는 갈등, 끝나지 않는 악몽

현아는 부모님의 직장 때문에 초등학교는 여섯 번, 중학교는 두 번이나 옮겨야 했다. 어린 나이에 새로운 곳에서 적응하는 일은 결코 쉽지 않았다. 이미 그룹을 형성해 친해져버린 친구들은 낯선 현아를 쉽게 받아주지 않았다. 간신히 친해졌다 싶으면 또다시 전학을 가야 했다. 마음은 점점 닫혀만 갔고, 학교에 가는 게 너무나도 두려워졌다.

'시간이 지나면 나아지겠지.' 하며 현아는 꿋꿋이 기다렸다. 하지만 생각과 다르게 학년이 올라가면서 문제는 점점 더 심각해졌다.

중학교 1학년 수련회에 가던 날 아침이었다.

"애들아, 안녕! 수련회 진짜 재밌겠다, 그치?"

"……."

이상했다. 학기 초에 같이 다니던 친구들이 갑자기 현아를 무시하기 시작한 것이다.

"애들아? 갑자기 왜 그래?"

"야, 우리 이제 가자."

"너네 나만 두고 어디 가? 내가 뭐 잘못했어? 말을 해야 알지. 갑자기 왜 그래?"

"……."

어제까지만 해도 친구라고 믿었던 아이들은 현아의 말은 들은 체도 하지 않고 떠나버렸다. 그렇게 즐겁기만 할 줄 알았던 2박 3일의 수련회는 현아에게 너무나도 외롭고 잔인한 시간이 되었다. 이유를 알 수 없다는 점이 현아를 더욱 아프게 했다.

이 사건이 일어난 뒤로, 현아는 마음을 굳게 닫게 되었다. 친한 친구 한 명 없이 이리저리 눈치를 보며 학교를 다녔다. 자연스럽게 자존감이 떨어져 스스로가 초라해보였다. 현아가 그럴수록 다른 친구들은 현아를 더욱 얕잡아보고 무시했다. 중학교 1학년은 현아에게 이토록 힘겨운 시간이었다.

다행히 중학교 2학년 이후로는 마음이 맞는 친구들을 사귀게 되어 학교생활에 무사히 적응할 수 있었다. 어쩌면 지금의 현아를 있게 해준 것은 그때 먼저 손을 내밀어준 고맙고 소중한 친구들일지도 모른다.

그리고 시간이 흘러 중학교 3학년 여름. 부모님이 미안한 표정으로 현아를 부르셨다.

“현아야, 어쩌지? 또 이사를 가야 할 것 같은데…. 정말 미안하구나.”

현아는 하늘이 무너져 내리는 것만 같았다. 이제야 좋은 친구들을 만나서 간신히 학교에 적응했는데, 또다시 외로움과 두려움 속으로 돌아가야 할 것만 같아 너무 힘이 들었다. 친구들한테 차마 말도 꺼내지 못했다. 말을 하고 나면 다들 현아의 곁을 떠나버릴 것만 같은 불안함에 혼자서 끙끙 앓았다. 몇 주를 고민하고 또 고민하다가 시간만 보내고 말았다.

그리고 2학기가 시작되던 날, 현아는 결국 지방으로 전학을 가게 되었다. 아는 사람 하나 없는 곳으로 이사를 가니 마음 둘 곳이 없었다. 새로운 학교 아이들이 자신을 보는 시선도 곱지 않은 것 같았다. 밥을 먹을 때나 복도를 지나갈 때 다른 반 아이들의 시선이 따갑게 느껴졌다. 그렇게 며칠이 지나고, 쓰레기 분리수거를 하러 가는데 애들 여럿이 현아를 불러 세웠다.

"야, 너 이리 와봐."

"나? 왜?"

"왜 자꾸 그렇게 째려보면서 다녀? ××아."

"아니야, 오해야. 나 그런 적 없어. 정말이야…."

몇몇 아이들이 현아를 둘러싸고 심한 욕을 퍼부었다. 옛날의 악몽이 되살아나는 것 같았다. 눈물이 주르륵 흘렀다. 그날 이후로 하루하루 학교 가는 것이 싫었다. 아무 잘못도 없는데 나를 미워하는 아이들도 미웠고, 매번 전학을 가게 만드는 부모님도 미웠다.

심지어 어쩌다가 친해진 친구와는 사소한 일로 다투게 되었다. 그때가 시험 바로 직전이었는데, 그런 일이 생겼으니 공부가 될 리 없었다. 3학년 시험에서 성적이 크게 떨어지고 말았고, 내신도 깎이는 바람에 결국 현아가 원하던 자사고에 갈 수 없게 되었다. 현아는 그 뒤로도 한참 동안 마음을 잡지 못했다.

'난 왜 늘 이렇게 다른 사람들 때문에 힘들어야 하지?'

현아는 이 악몽 같은 시간의 끝이 도무지 보이지 않았다. 시험이 끝난 뒤로 결석도 여러 번 했다. 더 슬펐던 것은, 현아가 학교를 가지 않아도 무슨 일이 있는지, 왜 안 오는지 걱정하며 연락해주는 친구가 한 명도 없다는 것이었다. 너무 외롭고 쓸쓸한 시간이었다. 이렇게 힘든 때에 믿고 의지할 사람이 없다는 것이 가장 현아를 힘들게 했다.

관계의 상처에서 벗어나는 법

현아는 더 이상 혼자서 버틸 수 없다는 사실을 깨달았다. 혼자서 마음에 담아둘수록 오히려 나쁜 생각에만 빠지는 것 같았다. 현아의 이야기를 들어줄 사람이 필요했다. 고개를 들고 주위를 둘러보았다. 청소년 상담 전화, 담임선생님, 또래 상담부 친구들, 상담선생님…. 혼자라고 생각했지만 막상 현아가 의지를 가지고 털어놓을 대상을 찾아보니 눈에 띄는 사람들이 많았다.

사실 상담실을 방문한 것도 현아의 의지가 아니었다. 담임선생님의 권유로 어쩔 수 없이 발걸음을 옮긴 것이다. 상담선생님이 자신의 이야기를 잘 들어줄 거라는 기대는 전혀 없었다. 그저 시간만 때우다 가야겠다고 생각하고 막 문을 열고 들어섰을 때, 상담선생님의 따뜻한 목소리가 들렸다.

"현아야, 괜찮니? 많이 힘들지?"

그 따뜻한 첫 마디에 현아는 자신도 모르게 펑펑 울고 말았다. 그동안 아무도 자신의 마음을 알지 못한다고 생각하고 원망만 했는데, 이렇게 누군가가 자신을 위로해주고 있다는 사실이 너무 감사하고 안심이 되었다. 아무도 시키지 않았는데도 현아는 그동안의 힘들었던 마음들을 몽땅 털어놓고 있었다. 그러면서 현아는 깨달았다. 지금 자신에게 필요했던 건 명확한 해결책이 아닌, 그저 자신의 이야기를 들어주는 사람이었다는 사실을 말이다. 조금이라도 속마음을 털어놓고 나니 기분도 나아졌다.

"현아야, 넌 충분히 소중한 사람이야. 네 잘못이 아니란다. 스스로를 낮추지 말고 소중하게 대하렴."

상담선생님의 조언으로 현아는 괴롭고 외로울 때마다 꾹 참고 버티기로 작정했다. 현아는 스스로에게 '그래, 난 소중한 사람이야. 나를 아끼자.'라고 마음먹고 당당해졌다. 그러자 다른 사람들도 자신을 함부로 대하지 않는 것 같았다. 현아는 좋은 친구를 먼저 찾기 전에, 스스로가 좋은 친구가 되어주려고 노력했다. 먼저 좋은 친구가 되어 손을 내미니 또 다른 좋은 친구들이 그 손을 잡아주었다. 그렇게 힘들었던 중학교를 졸업하고 무사히 고등학교에 입학할 수 있었다.

이제 고3 수험생이 된 현아는 다행히도 마음이 통하는 진실한 친구들을 많이 사귀게 되었고, 학교생활을 하면서 지금까지 큰 문제없이 잘 지내고 있다. 오히려 힘들어하는 다른 친구들을 다독여주고 위로해줄 마음의 여유도 생겼다. 친구관계가 좋아지자 학업에도 집중할 수 있게 되었다. 현아는 더 이상 관계로 인해 힘들어하며 진학에 실패하는 일을 만들지 않겠노라고 굳게 다짐하고 있다. 이제 현아는 상처에서 벗어나 더 강해진 것이다.

과거의 현아처럼, 친구에게 받은 상처로 인해 죽을 만큼 힘들어하는 친구들이 있다면, 언제든 나에게 메일을 보내주었으면 한다. 적어도 여러분 곁에는 언제나 여러분을 믿고 응원하는 한 사람이 있다는 사실을 기억하길 바란다.

"많이 힘들었지? 괜찮아. 널 아끼고 사랑해주는 사람도 있다는 걸 잊지 마. 관계의 상처에서 벗어나 너 자신을 지키렴."

현아의 리얼 한마디

죽고 싶을 만큼 힘들 때도 분명히 있었습니다. 하지만 그 상황은 영원히 지속되지 않는다는 사실을 기억했으면 좋겠어요. 시간이 흐르면 모든 문제는 자연스럽게 해결되니까요. 무엇보다, 힘이 들 때 누군가에게 용기를 내서 솔직하게 털어놓길 바라요. 지금 어떤 이유로든 힘든 일을 겪고 있는 친구들, 하루라도 빨리 더 행복하고 좋은 모습을 되찾길 응원합니다.

다진's story

모두에게 사랑받을 필요는 없다

진정한 우정은 친구들의 수가 아니라
그 깊이와 소중함으로 판단할 수 있다.
-벤 존슨-

많은 독자의 사랑을 받은 베스트셀러《미움받을 용기》를 읽으며 나 자신에 대해 많은 생각을 했다. 인생을 살아가면서 어떤 일이 우리를 가장 힘들게 할까? 이 책에서 심리학자 아들러는 '인간의 모든 고민은 인간관계에서 비롯된 고민이다.'라고 말한다.

나 역시 내 인생의 큰 문제는 대부분 인간관계에서 비롯되었다. 학창 시절에는 떨어진 성적보다 다툰 친구와의 관계로 인해 더 힘들었고, 사회에 나와서는 힘든 업무보다 동료와 상사와의 갈등 속에서 상처받거나 고민에 빠지기도 했다.

이런 문제의 공통점은 누군가 나를 바라보는 시선에서 자유롭지 못했다는 점이었다. 남이 나를 어떻게 바라보는지, 나에 대해 어떤 평가를 하는지 신경 쓰다 보니 내 가치를 타인이 정하도록 내버려두고 만 것이다.

결국 인생은 내가 나에게 부여하는 것인데 말이다.

믿음이 깊을수록 배신감도 크다

다진이는 한 학년에 한 반뿐인 작은 초등학교를 졸업했고, 이사로 인해 한 학년당 여덟 반이나 있는, 상대적으로 큰 규모의 중학교에 진학하게 되었다. 처음으로 모르는 친구들과 한 반을 이루는 것이 조금 어색했지만 곧 친구를 사귈 수 있었다. 친구들과 함께 밥을 먹고 교환일기도 쓰며 아무 문제없이 1학기를 보냈다.

문제는 2학기에 발생했다. 갑자기 같이 다니던 친구들로부터 따돌림을 받게 된 것이다. 전날까지만 해도 함께 다니던 친구들의 눈빛은 차갑게 다진이를 외면했다. 느닷없이 다진이를 향해 욕을 내뱉거나 화장실로 데려가 협박을 하기도 했다.

다진이는 그 상황을 견디기가 너무 힘들었다. 하지만 부모님이 걱정하실까 봐 집에서는 차마 내색할 수가 없었다. 달력에 방학하는 날을 표시하고 하루가 지날 때마다 ×표를 치며 버티기도 했고, 전학이라도 가게 되기를 간절히 기도하기도 했다. 차라리 그 친구들이 자신을 때려서 이 사건이 공개적으로 드러났으면 했고, 아이들의 협박을 녹음해 선생님께 고자질하고 싶은 적도 많았다.

'다들 나한테 왜 이러는 거야? 왜 다들 나를 미워하지? 내 가치는 고작 이 정도밖에 되지 않는 걸까?'

가장 믿고 의지하던 친구들로부터의 배신은 큰 상처로 다가왔다. 서럽고 무서웠다. 다진이는 학교에서는 밥도 먹지 않았고 점점 말수도 적어졌다. 그러면서 다진이는 점점 자존감이 낮아지고 위축되기 시작했다.

'1년만 버티자, 1년만…. 내년에는 저 애들이랑 떨어질 수 있을 거야. 어, 그런데 혹시 또 같은 반이 되면 어떻게 하지? 아, 정말 그러면 안 되는데….'

자신을 괴롭히던 친구들과 2학년 때도 같은 반이 되는 것이 다진이에게 가장 큰 두려움이었다. 다진이는 결국 담임선생님께 이 사실을 말씀드리기로 했다.

"선생님, 드릴 말씀이 있어요. 비밀이니까 꼭 지켜주셨으면 해요. 사실은 제가 친구들에게 따돌림을 받고 있어요. 2학년 때는 제발 그 친구들과 같은 반이 되지 않게 도와주세요. 부탁드려요."

선생님은 다진이의 말을 듣고 고개를 끄덕이셨다.

"저런, 그런 일이 있었니? 다진이가 힘들었겠구나. 그래, 알겠다. 선생님이 비밀 꼭 지킬게."

그런데 그날 이후, 다진이가 교무실에 들어갈 때마다 몇몇 선생님들께서 조금 다른 눈빛으로 다진이를 보는 것이었다. 어떤 선생님은 다진이에게 다가와 "다진아, 그런 일이 있었다며? 힘들었겠다."라며 다독여주기도 하셨다.

그러나 다진이는 그 모습에 오히려 충격을 받았다. 담임선생님을 믿고 했던 비밀 이야기가 삽시간에 퍼져 나갔다는 사실에 다진이는 큰 상처를 입은 것이다.

다행히 2학년 때 그 친구들과는 다른 반이 되었고, 그 후 이사를 가게 되어 다진이는 다른 학교로 전학을 갈 수 있었다. 따돌림을 당하던 기간은 그리 길지 않았지만, 다진이에게만큼은 세상에서 가장 긴 시간이었고, 죽고 싶을 만큼 끔찍한 기억이었다.

다른 학교로 전학을 가서도 다진이는 과거의 트라우마에서 한동안 벗어나지 못했다. 새로운 관계를 맺는 것 자체가 두려웠기 때문이다. 또다시 미움을 받을 것 같아 누군가에게 쉽게 마음의 문을 열지 못했다.

용기 내어 한 걸음 더

다진이는 행복해지고 싶었다. 언제까지나 이렇게 꽁꽁 숨어서 살 수는 없는 노릇이었다. 고등학교 진학을 계기로 다진이는 조금씩 세상으로 나가기로 마음먹었다.

다진이의 첫 번째 시도는 다양한 사람들을 만날 수 있는 '청소년 기자단' 활동에 도전한 것이었다. 자신에 대해 선입견이 없는 다양한 학교의 친구들을 만나서 이야기를 나누었고, 그들과 좋은 관계를 유지했다. 그러면서 차츰 타인에게 마음의 문을 여는 훈련을 해나갔다.

'그래, 내가 아무리 잘 보이려고 해도 이유 없이 나를 미워하는 사람들은 이제 신경 쓰지 말자. 더 이상 그런 사람들 때문에 힘들어하지 말자. 이렇게 나를 인정해주는 사람들도 많잖아!'

다신이는 더 이상 누군가로부터 미움받는 것을 두려워하지 않게 되었다. 자신을 인정하고 사랑해주는 사람도 많다는 사실을 알게 되었기 때문이다.

또 누군가를 만나 취재를 하고 기사를 쓰면서 난생 처음 무언가를 해냈다는 성취감과 보람을 느낄 수 있었다. 성실하게 활동하며 기자단원들과 좋은 관계를 유지한 다진이는 기자단 단장까지 역임하고 연말에 지역 시장님으로부터 '우수 청소년 표창장'까지 받게 되었다.

무엇보다 바닥까지 떨어졌던 다진이의 자존감은 점점 높아지기 시작했다. 자신의 가치를 스스로 결정하고 타인의 시선으로부터 자유로워지려고 노력한 결과였다. 그러자 학교에서도, 학교 밖에서도 친구들과 지속적인 관계를 유지하며 트라우마를 차차 극복할 수 있었다.

이 글을 쓰고 있는 나 역시, 학창 시절 친구관계로 인한 고민이 끊이지 않았다. 어릴 적부터 내 주변에는 친구가 참 많았다. 이 친구와도, 저 친구와도 골고루 다 친하게 지내고 싶은 욕심도 많았다.

한번은 이런 일이 있었다. 가을 소풍을 놀이동산으로 가게 되어 우리는 잔뜩 신이 나 있었다. 친한 친구들끼리 삼삼오오 서로 모여 어떻게 다닐지 서로 계획을 짜고 있었다. 나는 당연히 내가 제일 친하다고 생각하는 친구들에게 다가갔다. 그런데 그 친구들은 나에게 “어? 수연이 너 쟤네들하고 가는 거 아니었어? 우리는 그런 줄 알고 짝수로 인원 맞췄는데, 어쩌지?”라며 난감해했다.

좀 당황스러웠지만 애써 아무렇지 않은 척하며 “아냐, 괜찮아. 나는 그럼 다른 친구들하고 다닐게.”라고 대답했다. 또 다른 그룹의 친구들에게 다가갔는데 이 친구들 역시 내가 다른 그룹의 친구들과 갈 거라 생각하고 이미 계획을 짜고 있는 게 아닌가. 순간 허탈하고 소외감을 느꼈다. 늘 친구가 많다고 자부하던 나였고, 친구들 역시 늘 내 주변에는 사람이 많다며 나를 부러워하곤 했는데, 정말 꼭 필요한 순간에 내 옆에는 아무도 없었던 것이다. 사춘기였던 나에게 그 사건은 큰 상처와 충격으로 다가왔다.

‘아, 모두에게 사랑받을 필요는 없구나. 정말 나를 아껴주고 챙겨주는 친한 친구 몇 명을 더 잘 챙기고 관심을 가져야 하는 거구나.’

돌이켜 보니 나는 모두에게 사랑받고 관심받고 싶었다. 누군가에게 미움을 받거나 나를 싫어하는 사람이 있는 것을 두려워했다. 미움 받을 용기가 없었던 것이다.

지금은 모두에게 사랑받으려는 욕심이 사라졌다. 나를 사랑해주는 사람, 내가 정말 아끼는 사람만 챙기기도 바쁘다. 나를 미워하고 싫어하는 사람까지 챙기기에는 내 에너지가 아깝다는 것을 이제는 잘 알고 있다.

진작 그 사실을 깨달았다면 그렇게 사람과의 관계에서 힘들어하지 않았을 텐데 말이다.

미움받을 용기를 낼 때 비로소 행복해질 용기도 생기는 법이다. 내가 아무리 잘 보이려고 애써도 나를 미워하고 싫어하는 사람은 반드시 있게 마련이다. 그러니 그 사실을 두려워하지 말자. 타인의 시선이나 행동으로부터 자유로워지자. 그랬을 때 비로소 여러분은 자신의 뜻대로 인생을 살아갈 수 있을 것이다.

다진이의 리얼 한마디

현재의 저를 알고 있는 사람들은, 아무도 과거에 제가 어떤 일을 당했는지 상상하지 못한답니다. 지금은 너무 행복하고 즐겁게 지내고 있으니까요. 혹시 저와 같은 일을 겪고 있는 친구가 있다면, 제가 그랬던 것처럼 과거의 상처를 딛고 일어나길 바라요. 당신은 분명 할 수 있을 거예요!

수현 & 선영's story

부모님이 이혼하셨어요

가족들이 서로 맺어져 하나가 되어 있다는 것은
정말 이 세상에서의 가장 유일한 행복이다.
-퀴리 부인-

이혼 가정의 모습은 이제 더 이상 드문 경우가 아니다. 최근에는 불행한 가정을 억지로 유지하는 것보다 한 부모 밑에서라도 정서적으로 안정된 환경에서 자녀를 키우는 것이 낫다고 판단해 이혼을 선택하는 부모들이 늘고 있다. 하지만 아무리 정당한 이유가 있다 해도, 부모님의 이혼을 경험한 아이들이 마음에 큰 상처를 입는 것은 마찬가지다.

《사춘기 쇼크》의 저자 이창욱은 '청소년의 수많은 고민의 가장 근본적인 원인은 가정, 그중에서도 부모로부터 온다.'라고 말했다. 결국 부모님과의 관계가 아이들에게 많은 영향을 끼친다는 것이다. 부모님의 이혼을 경험한 청소년들이 방황하는 것은 어쩌면 당연한 일일지 모른다. 하지만 부모님의 이혼을 핑계로 내 인생의 가장 중요한 시기를 그저 낭비하는 것은 나 자신에게 너무 미안한 일 아닐까?

괜찮아, 네 잘못이 아니야

수현이에게 부모님의 이혼은 사춘기 시절 최고의 시련이었다. 부모님에 대한 원망으로 수현이는 엄마와 대화 자체를 하지 않았다. 꼭 필요한 말만 하고, 대답도 무조건 단답형이었다.

"수현아, 학교 잘 갔나 왔니?"

"네."

"배고프겠다, 뭐 좀 먹을래?"

"아니오."

부모님의 이혼 이후로 수현이의 마음은 열등감으로 가득 찼다. 부모님의 이혼을 받아들이기 쉽지 않았다. 하지만 수현이는 자신의 이런 감정을 겉으로 드러내지 않았다. 친한 친구들에게조차 자신이 어떤 상황을 겪고 있는지 알리지 않았다.

'부모님이 이혼했다고 하면 선생님이나 친구들이 나한테 편견을 가질지도 몰라. 아무한테도 절대로 말하지 않을 거야.'

수현이는 매일 혼자 끙끙 앓아야 했다. 주변의 시선이 두려웠기 때문이다.

그러던 어느 날, 같은 반 친구가 반 아이들에게 큰 소리로 이렇게 외치는 것이었다.

"얘들아! 내 이름의 성은 원래 '김씨'이지만 엄마가 재혼하셔서 내 이름의 성이 '이씨'로 바뀌었어. 그러니까 앞으로 '이○○'이라고 불러줘!"

이 친구의 말과 행동은 수현이에게 충격적으로 다가왔다.

'뭐지? 나는 친구들이 알까 봐 이렇게 숨기고 있는데 쟤는 오히려 먼저 오픈하다니! 쟤는 안 힘든가? 괜찮은 걸까?'

수현이는 친구의 용기가 대단하다고 느끼면서도, 혹시나 그 친구가 이상한 시선을 받지는 않을까 염려되었다. 그러나 수현이의 우려와 다르게 그 친구는 예전과 똑같이 친구들과 가깝게 지냈다. 다른 친구들 역시 그 말을 듣기 전과 후의 행동이 달라진 것은 하나도 없었다. 수현이는 그동안 가지고 있었던 자신의 생각의 완전히 잘못되었음을 깨달았다.

'그래, 이건 내 잘못이 아니야. 혼자 짐을 다 짊어지기보다 주변에 조금이라도 나누자.'

새 학기를 맞아 담임선생님과 상담을 하게 된 수현이는 생각을 고쳐먹고 처음으로 당당하게 자신의 상황을 말씀드렸다. 친한 친구에게도 꽁꽁 숨겨두고 말하지 못했던 자신의 비밀을 이야기하기 시작했다.

"저기 있잖아. 창피해서 말 못하고 있었는데…. 사실 우리 부모님께서 이혼하셨어. 그래서 내가 요즘 많이 힘들어."

"어머! 수현아, 왜 진작 말을 안 했어? 창피하긴 뭐가 창피해? 부모님이 이혼했다고 해서 내 친구 수현이가 달라지는 게 아니잖아. 많이 힘들었지? 괜찮아, 우리가 있잖아."

"흑흑, 고마워. 나 사실 많이 외로웠어…."

친한 친구에게 자신의 힘든 이야기들을 털어 놓으면서 수현이는 엉엉 울었다. 그렇게 이야기를 털어놓고 나니 숨이 트이기 시작했다.

이미 너무 높고 긴 만리장성 같은 벽이 쌓여 있던 엄마 앞에서도 수현이는 용기를 내기 시작했다. 대화가 부족해 늘 어색했지만, 수현이가 벽을 부수려 무수히 노력한 결과 이제는 엄마와도 속내를 나눌 수 있는 친구 같은 사이가 되었다.

엄마와의 관계 회복을 통해 부모님에게도 자신의 인생이 있다는 것을 이해하기 시작하자 수현이의 열등감은 점점 자신감으로 변하기 시작했다. 학급에서도 반장, 학년장 등 학생회 임원을 도맡아 하며 모든 활동에 더 적극적으로 참여하기 시작했다. 그러다 보니 선생님에게도 신임을 얻고, 친구들과의 관계도 돈독하게 유지할 수 있었다. 이는 수현이가 모든 일에 최선을 다하는 열정적이고 밝은 모습을 보여주었기 때문이다. 결국 자신의 이미지는 부모님이나 가정환경이 아닌, 온전히 자신의 행동으로 만들어진다는 점을 잊지 말자.

엄마, 아빠는 여전히 널 사랑해

선영이는 초등학교 3학년 때 부모님이 이혼하시고 난 이후부터 엄마와 단둘이 살았다.

"엄마, 왜 아빠랑 같이 안 살아요?"

"선영아, 너는 아직 어려서 엄마를 이해할 순 없지만 네가 좀 더 크면 엄마를 이해할 수 있을 거야."

자신이 사랑하는 엄마와 아빠가 더 이상 서로 사랑하지 않는다는 사실은 어린 나이였던 선영이에게는 큰 충격이었다. 친구들에게도 말할 수가 없었다. 이제 아빠가 없다고 놀림을 받을 것이 두려웠기 때문이다. 그래서 친구들 앞에서 가족 이야기는 꺼내지도 않았다.

자신을 혼자 키워야 하는 엄마를 보면 미안하다가도, 꼭 이혼을 하셔야만 했는지 하는 원망이 들기도 했다. 가끔은 부모님의 이혼이 꼭 자신 때문인 것 같았다. 모든 걸 다 잃은 사람처럼 혼자 상처를 다 끌어안고서 방황하는 사춘기를 보냈다.

그런데 시간이 지나고 보니 비로소 깨달을 수 있었다. 부모님의 이혼이 사실 자신에게 직접적으로 큰 영향을 미치지는 않았다는 것을. 그 일을 다른 사람이 알게 되었건 그렇지 않았건 선영이의 인생에는 큰 변화가 일어나지 않는다는 것을 말이다. 부모님의 이혼은 선영이의 잘못이 아니었으므로. 부부의 연이 끊어진다고 해도 선영이에게는 여전히 똑같은 엄마, 아빠라는 사실을 깨닫게 된 것이다.

이 사실을 너무 뒤늦게 알게 된 것이 선영이는 아쉽다. 가장 빛날 수 있었던, 꽃다운 시절을 방황과 원망으로 보냈기 때문이다. 하지만 선영이는 이제라도 모든 것을 바로잡을 수 있어 다행이라고 믿고 있다.

방황은 이제 사라지고 선영이의 가슴속에 '배우'라는 설레는 꿈이 생겼다. 그 꿈을 위해 연극 동아리에 들어가 훈련도 받고 열심히 연습한 결과 연말 축제에서 연극의 주인공 자리를 당당히 따냈다. 무대에서 자신의 끼와 열정을 유감없이 발휘할 수 있었다. 더 이상 선영이는 외롭지 않다. 부모님이 여전히 선영이의 든든한 지원군으로 선영이 옆에 계시기 때문이다.

혹시 수현이나 선영이와 같은 어려움을 겪는 친구들이 있을지 모르겠다. 여러분에게는 여러분의 인생이 있듯이, 부모님에게는 부모님의 인생이 있다. 물론 부모님의 이혼으로 여러분이 받을 충격은 당연히 크리라 생각된다. 하지만 그 힘든 결정을 하시기까지 가장 힘든 시기를 보내신 분들은 부모님이시다.

이혼으로 인해 상처를 받으신 부모님이 지금 이렇게 살아가고 버틸 수 있는 이유는 오로지 자녀들이 있기 때문이다. 여러분은 부모님의 존재 이유다. 부모님이 이혼하셨다고 여러분을 사랑하는 마음마저 사라지지는 않는다. 그러니 괜히 자신의 탓을 하며 스스로에게 상처를 주거나, 부모님을 미워하는 마음으로 소중한 시간을 낭비하지 않았으면 좋겠다.

인생에서 가족과 함께 보낼 수 있는 시간은 그리 많지 않다. 청소년기를 지나 성인이 되고 사회에 나가면 부모님과 함께하는 시간은 더 줄어든다. 이 시기에 부모님과 충분한 시간을 보내지 않으면 나중에 아무리 후회해도 돌이킬 수 없다. 어떠한 이유든 부모님은 내가 이 세상에 태어날 수 있게 해주신 감사한 분임을 기억하며 살기를 바란다.

수현이와 선영이의 리얼 한마디

*수현: 부모님이 원망스럽다고 부모님과 벽을 쌓지 마세요. 시간이 지나고 부모님을 이해하고 나니 그 시간들이 너무 아깝답니다. 부모님을 원망하는 대신 오히려 아픔을 함께 나누는 가족이 되었으면 좋겠어요.

*선영: 저처럼 부모님이 이혼한 친구들이 있다면, 결코 내 잘못이라고 여기지 말았으면 해요. 그리고 부모님은 항상 우리를 사랑한다는 사실을 잊지 마세요!

용혁's story

저 좀 도와주세요

시간이 해결해준다는 말이 있긴 하지만,
실제로 일을 변화시켜야 하는 것은 바로 당신이다.
-앤디 워홀-

〈2020 청소년 통계〉에 따르면, 우리나라 청소년 사망원인 1위는 2011년부터 8년째 '고의적 자의적 자해'로 밝혀졌다고 한다. 그 가장 큰 이유 중 하나가 학교 폭력 및 따돌림이라는 것은 이제 공공연한 사실이다.

매년 학교에서 따돌림을 당해 스스로 목숨을 끊는 청소년들이 늘어나고 있다. 친구든, 교사든, 가족이든 어느 한 사람이라도 이들에게 조금만 더 관심과 따뜻한 손길을 건네주었다면 적어도 자신의 인생을 포기하지 않았을 텐데, 안타까울 뿐이다. '왕따'라는 이름은 이유도 모른 채 어느 날 갑자기 다가온다. 용혁이도 그랬다.

갑자기 다가온 이름 '왕따'

용혁이 역시 이유를 모르는 상태로 어느 날 갑자기 친구들로부터 왕따를 당하기 시작했다. 차라리 뭘 잘못했는지 알기라도 하면 바로잡을 수 있었을 텐데, 용혁이는 아무런 이유도 알지 못한 채 중학교 1학년 때부터 졸업하기 전까지 줄곧 친구가 없는 상태로 지냈다. 간신히 친구를 사귀면 학년이 올라갈 때 다른 반이 되는 등 상황은 좀처럼 나아지지 않았다.

용혁이는 자신이 왕따를 당한다는 사실이 너무나 수치스러웠다. 부모님이나 선생님께 고민 상담을 하자니 받으실 충격에 차마 말할 용기가 나질 않았다. 수련회를 가거나 학교에서 단체활동을 할 때가 용혁이는 가장 힘들었다. 친한 아이들끼리 조를 이루는 모습을 지켜보면서 항상 혼자서 조용히 있어야 했다. 그러다 보니 항상 소극적인 아이가 되었고, 버스 안에서도 혼자 앉는 것에 익숙해져갔다. 처음에는 '곧 괜찮아지겠지.'라는 생각으로 버텼지만, 괜찮아지기는커녕 그저 상황에 익숙해지기 위해 노력하고 있는 자신을 발견하게 되었다.

처음에는 몇몇 친구들이 곁에 남아 용혁이에게 힘을 주었지만, 용혁이가 왕따라는 사실을 알고 난 뒤에는 그들도 멀어지곤 했다. 이런 상황이 용혁이는 너무나도 힘들었다. 나중에는 용혁이 스스로가 다른 친구들에게 먼저 다가가기가 꺼려질 정도였다.

무엇보다 가장 상처를 받은 것은 믿었던 친구에게 배신을 당한 일이었다. 유일한 친구에게 따돌림을 당하고 있는 사실을 솔직하게 털어놓으며 위로를 받곤 했는데, 나중에 그 친구가 용혁이를 괴롭힌 아이에게 이 이야기를 전달한 것이다. 용혁이는 그 사건으로 인해 학교에서 더더욱 무시를 당하고 힘들게 생활하게 되었다. 그러나 왕따보다 더 힘들었던 것은 친구라고 여겼던 소중한 존재를 잃었다는 사실이었다.

'나는 항상 왜 이럴까? 나에게 왜 이런 일들이 벌어지는 걸까?'

자신이 한없이 초라해지고 자존감이 점점 낮아졌다. 울고 싶었다. 죽을 만큼 힘들었다. 차마 누군가에게 자신의 상황을 털어놓을 용기도 나지 않았다. 부모님 앞에서는 괜히 더 짜증을 부리고 화를 냈다. 솔직히 고백했다면 오히려 다독이고 위로해주셨겠지만, 용혁이는 아무 말도 하지 않은 채 자신의 마음을 알아주지 않는 부모님을 원망하기만 했다.

현실에서 친구를 만들기 힘들어지자 용혁이는 온라인에서 친구를 만들기 시작했다. 비록 얼굴도 모르는 사람이지만 친구가 생겼다는 기쁨에 용혁이는 인터넷에 푹 빠지게 되었다. 하지만 자꾸만 컴퓨터 앞에만 앉아 있으려는 용혁이를 부모님은 종종 나무라셨고, 용혁이와 부모님 사이의 갈등은 커져만 갔다.

인생은 언제나 해피엔딩

용혁이는 점점 소극적으로 변해갔다. 이런 자신이 너무나 싫었다. 죽고 싶을 만큼 힘들었다. 하지만 용혁이는 자신의 인생을 다른 사람으로 인해 쉽게 포기하고 싶지 않았다.

'괜찮아질 거야, 괜찮아질 거야. 시간이 지나면 다 괜찮을 거야….'

용혁이는 꿋꿋이 기다리고 참아냈다. 다른 방향으로 자신의 관심을 돌리려고 노력했다. 이런 상황을 극복하기 위해 용혁이는 온전히 자기 자신을 믿어야만 했다. 지금 이 시련을 잘 이겨내면 반드시 좋은 날이 올 거라는 긍정적인 마인드를 가지려 애썼다.

그렇게 악몽 같던 십대를 지나, 용혁이는 이제 대학생이 되었다. 지금의 용혁이는 당시를 떠올리며 이런 생각을 하곤 한다.

'그때 내가 누군가에게 도움을 요청하고 부모님께도 얘기를 했다면 좀 더 쉽게 해결방안을 찾을 수 있지 않았을까? 혹시 모든 문제가 정말 해결이 되어 좋은 추억을 쌓을 수 있지는 않았을까?'

그때 미처 용기내지 못한 자신이 바보 같고 안타깝기만 하다. 하지만 그래도 인생을 포기하지 않고 잘 극복한 자신이 대견스럽다.

좀 더 넓은 세상 밖으로 나온 용혁이의 인생은 이제부터 시작이다. 대학생이 된 용혁이는 과에서 부과대로 선출되어 캠퍼스를 누비고 있다. 아픈 상처가 아물고 나니 더 단단해졌다. 이젠 그 어떤 상처가 생겨도 이겨내고 견딜 수 있는 힘이 생겼다. 용혁이에게 아픈 과거란 없다. 자신을 더 강하게 만들어준 터닝 포인트만 있을 뿐. 용혁이는 이제 그동안 미처 보여주지 못한 자신의 모습을 세상 앞에 당당히 보여줄 것이다.

지금의 고난은 해피엔딩을 더욱 빛나게 해주는 하나의 에피소드라고 생각해보자. 위기에 닥친 주인공이 당당하게 그 순간을 잘 이겨내어 보란 듯이 통쾌한 반전을 만들어내는 것처럼 말이다. 그러니 그 어떠한 상황 속에서도 나 자신을 쉽게 포기하지 않기를 바란다. 지금 죽을 만큼 힘든 시련도 소나기처럼 곧 지나갈 것이다. 비 개인 후에는 언제 그랬냐는 듯 맑은 하늘 아래에 뜰 눈부신 무지개를 기다려도 늦지 않다. 여러분은 존재만으로 충분히 눈부시니까.

용혁이의 리얼 한마디

학교에서 어려움을 겪고 있다면 꼭 주위에 도움을 요청해보세요. 부끄럽고 창피하겠지만, 용기를 내서 손을 내밀어보세요. 도무지 해결할 수 없는 것처럼 보이는 문제가 어쩌면 사르르 해결될지도 모르니까요. 힘내세요!

벼리 & 채연's story

친구 만들기? 어렵지 않아요!

우정이란, 나눔과 공유를 통해 우리의 성공을
더욱 빛나게 하고 고난을 덜어주는 것이다.
-키케로-

청소년기에는 '친구'라는 존재 가치가 그 무엇보다 크게 느껴진다. 부모님보다는 친구를 더 의지하고 찾게 되며, 친구와 어울리는 것을 가장 큰 행복으로 느끼기도 한다. 그렇기에 친구관계에 문제가 생기면 과도한 스트레스를 받거나 우울증이 생기기도 한다. 최근에는 집단 따돌림으로 인한 청소년들의 고민이 증가하면서 더욱더 친구관계의 중요성이 부각되고 있다.

이 책을 읽고 있는 여러분도 한 번쯤은 친구들과 오해가 생기거나 다투는 바람에 관계가 틀어진 경험이 있을 것이다. 친구관계에 문제가 생기면 학교도 가기 싫고, 친구들도 피하게 되고 스스로 의기소침하게 된다. 그래서 흔히 부모님께서는 "좋은 친구를 많이 사귀어라."라는 말씀을 많이 하신다. 대체 좋은 친구는 어떤 친구일까? 서로 마음을 터놓고 이야기하며 마음을 나눌 수 있는 친구, 서로 아껴주고 믿고 의지할 수 있는 친구. 그런 친구가 여러분 옆에 있는가? 좋은 친구를 사귀는 유일한 방법이 여기 있다.

내가 먼저 변할 거야

대학교에 막 입학해 1학년 학과 과대로 당찬 모습을 보여주고 있는 벼리에게도 초등학교 땐 '왕따'라는 힘들었던 시간이 있었다. 당시 벼리는 너무 어렸다. 자신에게 닥쳐온 이 모든 상황이 당황스럽고 힘들었다.

'왜 아이들이 나를 멀리할까? 내가 대체 뭘 잘못했나? 좀 더 내가 변해 보자.'

벼리는 친구들을 원망하는 대신 고민의 해결책으로 '자신을 변화시키는 것'을 선택했다. 남을 변화시키는 것보다 내가 변하는 것이 더 가능성이 있다고 판단했기 때문이다.

벼리는 따돌림을 당하던 초등학교를 졸업하고 중학교에 입학하면서 새 인생을 살고 싶었다. 과거와 달리 많은 친구들을 사귀며 즐거운 학교생활을 하고 싶었다. 그래서 학기 초에는 학교에 일찍 가서 먼저 반에 앉아 있다가 새로 들어온 친구에게 먼저 인사를 건넸다. 처음 본 친구에게 말을 걸기란 낯설기도 하고 부끄럽기도 했지만, 아침이라 사람이 없어 인사하기 좀 더 편했다. 그렇게 며칠 인사하다 보니 나중에는 그 친구들이 벼리에게 먼저 말을 걸어주곤 했다.

벼리는 친구들이 좋아하는 친구가 되기로 결심했다. 그래서 공부를 열심히 하고, 친구들이 모르는 문제를 설명해주면서 도움이 되는 친구가 되도록 노력했다. 부끄러움을 무릅쓰고 앞에 나가서 발표도 해보고, 새로 사귄 친구들에게서 용기를 얻어 반장선거에 나가기도 했다. 계속해서 도전하고 노력한 끝에 고등학교 2학년 때는 전교회장에 당선되었다. 지금도 많은 사람 앞에 서는 것이 떨리긴 하지만, 이제 벼리는 아주 적극적인 학생이 되었다.

좋은 친구를 사귀기 위해, 내가 먼저 좋은 친구가 되기 위해 벼리가 한 일은 그리 대단한 일이 아니었다. '내가 먼저 다가가는 것', '친구들이 좋아하는 친구 되는 것', '적극적으로 학교생활에 임하는 것' 등 사소한 일 하나하나가 모여 조금씩 벼리를 변화시켜 나갔다.

그 덕분에 대학생이 된 벼리는 지금 많은 사람들과 소통하는 사교적이고 적극적인 삶을 살고 있다.

서로를 믿는 것, 그게 진짜 우정

채연이는 여느 고등학생들처럼 오전 7시 반에 등교하고, 야간자율학습을 마치면 10시가 넘어 귀가하곤 했다. 집에서 보내는 시간보다 학교에서 보내는 시간이 더 많았고, 가족보다 친구들과 더 많은 시간을 함께했다. 그러다 보니 학업만큼 중요하게 여겨지는 것이 친구관계였다. 새 학년으로 올라갈 때마다 어떤 친구들을 만나 어떻게 친해져야 하는지가 채연이의 가장 큰 고민이었다. 채연이가 이렇게 친구를 중요하게 여기게 된 계기가 있었다.

고등학교 1학년, 채연이에 대한 좋지 않은 소문이 돈 적이 있었다. 어쩌다가 말이 잘못 전달되어 오해가 생기고, 그 오해가 이상한 방향으로 점점 커진 것이다. 하지만 채연이 곁에 있던 친구들은 소문과 상관없이 채연이를 믿어주고 오히려 채연이가 상처받지 않도록 위로해주었다. 그 일을 계기로 채연이는 친구들과 더욱 사이가 돈독해질 수 있었다.

물론 그 사건 이후로도 친한 친구들과 사소하게 다투는 등 친구관계에 대한 고민은 끊이지 않았다. 그러나 갈등과 오해가 생길 때마다 채연이는 친구들과 마음을 터놓고 솔직하게 대화를 나눴다. 그렇게 친구들과 돈독한 관계를 유지하다 보니 학업 스트레스가 많은 고등학교 3학년 때에도 채연이는 친구들과 함께 울고 웃으며 나누며 힘든 수험생활을 무사히 버텨낼 수 있었다.

채연이가 고등학교 내내 친구들과 돈독한 관계를 유지할 수 있었던 것은 믿음과 배려 덕분이었다. 친한 친구일수록 예의를 지키려고 노력했다. 친하다고, 너무 편하다고 함부로 하거나 막 대하지 않았다. 그것이 채연이의 관계 유지 비결이었다.

대학에 가면 완전히 새로운 사람들과 새로운 관계를 맺어야 한다. 많은 청소년이 이를 두려워하곤 하지만, 채연이는 새로운 만남이 전혀 두렵지 않다. 누군가 먼저 다가오기를 기다리기보다는 자신이 손을 내민다. 상대방의 이야기를 경청하고 존중하려고 노력한다. 그러다 보니 채연이 주변은 자연스럽게 좋은 친구들로 가득했다.

평생 동안 서로 아끼고 사랑할 수 있는 진정한 친구가 곁에 있다는 것은 정말 행복한 일이다. 좋은 친구를 얻고 싶은가? 그렇다면 믿음과 배려로 다가가 손을 내밀어라. 내가 먼저 마음을 열고 다가가 상대방에게 믿음을 줄 때 비로소 그런 친구가 다가올 것이다.

벼리와 채연이의 리얼 한마디

*벼리: 학급임원이나 동아리를 통해 적극적인 성향을 기르면 사교적인 친구가 될 수 있어요! 다양한 모임에서 사람들과 계속 어울리는 노력이 인간관계에 도움을 줄 거예요.

*채연: 좋은 친구들을 만나 좋은 추억을 많이 쌓아보세요. 친구관계는 소홀히 하고 공부만 한 기억보다는, 재잘재잘 친구들과 웃으면서 즐겁게 생활했던 십대가 더 소중한 기억으로 남는답니다.

규수 & 윤미's story

언제까지나 무조건 내 편!

감사는 예의의 가장 아름다운 형태이다.
-마리탱-

아장아장 걸음마를 하던 여러분이 어느덧 청소년으로 성장했다. 여러분의 부모님 역시 나이가 들어 중년기로 접어들었을 것이다. 자녀들이 지금 불안한 미래 앞에 두려워하고 있는 것처럼, 부모님 역시 불안한 과도기를 겪고 있다. 몇 십 년간 일해오던 직장을 떠날 시간이 다가온다는 불안함, 자신의 삶을 되돌아보며 드는 회의감과 허무함…. 여러분의 부모님 역시 여러분과 똑같이 힘든 시기를 보내고 있다.

하지만 부모님이 버틸 수 있는 힘은 단 하나! 바로 여러분이다. 아무리 힘들어도 자식을 보며 버티고 힘을 내는 부모의 마음을 자녀는 몰라주기 마련이다. 오히려 사춘기라는 핑계로 부모님께 함부로 말하고 상처를 주기 일쑤다. 나를 이 세상에 태어나게 해주신 것만으로도 감사해야 한다는 사실을 미처 잊고 지낸다. 그리고 내 옆에 계시지 않을 때가 되서야 뒤늦게 후회하고 만다.

고등학교 진학으로 인한 부모님과의 갈등

규수는 강원도 삼척에서 자랐다. 어렸을 때부터 부모님께서 예절교육을 엄격하게 시키셔서 주위 어른들에게 예의 바르다는 이야기를 종종 들으며 자랐다. 규수도 평소 부모님을 존경했으며 부모님과의 관계도 좋았다.

문제는 고등학교를 결정할 때부터 시작되었다. 규수가 어떤 고등학교로 진학할지를 두고 부모님과 의견충돌을 빚은 것이다. 규수는 평소 성격이 활발해 중학교 때부터 외부 동아리 활동도 많이 했고 친구들과의 관계도 원만했다. 친했던 친구들이 A고등학교로 대부분 진학을 했기에 규수 역시 A고등학교로 진학하기를 원했다.

A고등학교는 사립학교다 보니 3년 동안 선생님이 변하지 않을 확률이 높았고, 그로 인해서 선생님이 학생 개개인의 성향을 잘 파악해주고 필요한 자료들을 많이 제공해준다는 장점이 있었다. 따라서 진로에 있어서는 많은 혜택을 얻을 수 있었다.

하지만 부모님께서는 규수가 B고등학교로 진학하기를 바라셨다. B고등학교의 경우 3년간 창의인성 모델학교로 선정되었기 때문에 동아리 부분의 지원이 강했고, 삼척에서 동문을 끌어올리는 힘의 대다수가 B고등학교에서 이루어지다 보니 부모님께서는 나중을 생각하셔서 B고등학교를 권유하신 것이다.

결국 규수는 부모님을 설득하지 못한 채 B고등학교에 진학하게 되었다. 그러나 자신이 원하던 학교생활을 할 수 없다는 생각에 매사를 비관적으로 대하기 시작했다. 특히 부모님을 향해 마음의 문을 닫고 부모님의 말씀에 무성의하게 대답하거나 차갑게 행동했다.

"규수야, 학교 잘 다녀왔니? 재미있었어?"

"아뇨, 전혀 재미없었어요. 원하지도 않은 곳을 가니까 그런 거죠, 뭐."

규수는 날마다 부모님께 학교에 다니기 싫다고, 학교를 옮기게 해달라고 졸라댔다. 규수의 부모님도 속이 많이 상하셨다.

부모님, 죄송해요

방황하던 규수를 잡아주신 것은 국어선생님이었다. 선생님께서는 규수의 이야기를 많이 들어주시고 같은 신문 제작 동아리 활동을 하시며 많이 격려해주셨다. 그러다 보니 규수는 점차 학교생활에 적응이 되어갔고 학교를 나가는 것이 즐거워졌다. 그렇게 1학년을 마치고 돌아보니 학교를 잘못 선택했다는 편견 때문에 정작 자신이 즐겁게 즐길 수 있었던 동아리나 다른 경험들을 하지 못한 것이 너무 큰 후회가 되었다.

'그래, 어차피 다녀야 한다면 내가 하고 싶은 활동이라도 실컷 해보자!'

규수는 마음을 고쳐먹고 2학년이 되자 무리다 싶을 정도로 다양한 활동에 도전했다. 동아리 활동과 실장, 학생회 등으로 정신없이 2학년을 보내자 그 활동의 결과물로 '2014년도 청소년 부문 여성가족부 장관상'을 수상하게 되었다. 생각지도 못한 결과였다.

그렇게 학창 시절을 무사히 마치고 대학생이 된 규수는 다른 지역 기숙사에서 생활하게 되었다. 고등학교 진학 이후 부모님께 다소 냉담하게 굴었던 규수. 하지만 타지 대학에 온 날부터 밤마다 그리웠던 사람은 바로 부모님이었다. 생각해 보니 자신이 학교를 다니며 다양한 활동을 할 수 있도록 믿고 지원해주신 분들도 부모님이셨다. 그런데 자신이 원하는 고등학교로 진학하지 못했다는 이유로 부모님께 냉담한 태도를 보인 자신이 한심했다. 사실 부모님의 권유는 다 자신을 위한 것이었는데 말이다.

'왜 그때 부모님 마음을 이해하지 못하고 괜한 갈등으로 더 많은 시간을 부모님과 함께 보내지 못했을까? 옆에 계실 때 더 잘해드릴걸.'

이렇게 타지에 나와 있으니 비로소 부모님의 소중함을 깨닫게 된 규수는 이 자리를 빌어 부모님께 감사의 마음을 전하고 싶다고 한다.

아낌없이 주는 나무

배우가 꿈인 윤미 역시 고3때 부모님과의 갈등이 많았다. 부모님께서는 윤미가 안정적인 직업을 갖기를 원하셨고, 그래서 배우라는 꿈을 반대하셨다. 자연스럽게 부모님은 윤미의 진로에 대한 우려의 말씀을 종종 꺼내셨고, 윤미는 그 말이 온통 산소리로만 들려 매번 다툼으로 연결되곤 했다.

'나는 언제쯤 부모님께 인정을 받을 수 있을까? 너무 속상하다.'

공부에만 집중하는 다른 수험생과 달리 윤미는 연기 연습에 많은 시간을 투자해야 했다. 수시 및 실기시험 전까지 윤미의 삶은 끊임없는 자신과의 싸움이었다. 그런데 하필 시험 일주일 전에 다니던 연기학원을 옮기게 되어 심리적으로 너무나도 불안했다.

결국 윤미는 수시 시험에서 떨어지고 말았다. 고작 시험 하나 떨어졌을 뿐이었지만, 윤미는 마치 인생에서 패배자가 된 것만 같았다. 연기가 좋아서, 너무 하고 싶어서 시작한 일인데 실패하고 나니 너무 지치고 힘들었다. 부모님께 큰소리만 치고 늘 당당했는데, 이젠 부모님께도 죄송하고 볼 면목이 없었다.

'내가 괜히 연기를 한다고 했나? 그냥 포기할까?'

윤미는 마음이 급격히 약해졌다. 슬럼프가 찾아온 것이다. 하지만 축제 때 관객들 앞에서 연기를 하던 과거의 모습이 떠올랐다. 가슴이 두근거리던 그 순간을 윤미는 잊을 수가 없었다.

윤미가 공연을 마친 뒤 무대에서 내려오자, 부모님이 꽃다발을 들고 윤미를 기다리고 계셨다. 늘 배우라는 직업에 대해 탐탁지 않은 반응을 보이셨던 부모님이 진심을 담아 응원해주신 날이었다.

"윤미야, 이렇게 무대 위에서 연기하는 모습을 보니 대견하고 자랑스럽구나. 앞으로 열심히 해보렴."

"엄마, 아빠! 정말 고맙습니다. 저 진짜 열심히 할게요!"

그날부터 부모님도 반대 대신 배우가 될 윤미의 든든한 지원군이 되어주셨다.

그날의 장면이 떠오르자 윤미는 정신이 번쩍 들었다.

'그래, 이대로 포기할 순 없어. 아직 정시가 남았잖아. 기회는 있을 거야, 힘내자!'

윤미는 다시 마음을 다잡았고 정시 시험 준비에 돌입했다. 의기소침하던 마음을 털어버리고 연기 연습에 몰입했다. 집중해서 훈련하자 실력은 점점 늘었고, 점차 자신감도 생겼다.

그런 윤미를 끝까지 지지해주시고 응원해주신 것은 윤미의 부모님이었다. 힘들 때마다 부모님에게 짜증을 내고 불평을 털어놓던 윤미는, 부모님이야말로 세상 끝까지 내 편이라는 사실을 알게 되었다. 곁에 그런 부모님이 계셨기에 지금의 자신이 있다는 사실도 말이다.

부모님 앞에서 기대 이상의 멋진 연기를 보여드리고자 윤미는 앞으로도 포기하지 않고 달려 나갈 것이다.

《아낌없이 주는 나무》라는 책을 한 번쯤은 읽어봤을 것이다. 어릴 적 내가 가장 좋아하던 동화책 중 하나다. 이 책에 등장하는 나무는 부모님이시고, 소년은 바로 여러분이다. 어릴 때는 부모님과 함께하는 시간을 무척 행복해하고, 부모님을 무조건 최고로 여기던 꼬마아이였지만, 나이를 먹어가며 부모님보다는 친구가 더 우선이 되고, 자신의 꿈을 위해 부모님 곁을 떠나 있을 때가 많아진다. 하지만 부모님은 언제나 여러분이 돌아오기만을 기다리고 계신다. 아낌없이 자신의 마지막 밑동까지 내어주시며 말이다. 그것이 부모님의 행복이기에, 그것이 여러분을 위해 아낌없이 주려는 부모님의 사랑이고 마음이기에….

《어린 왕자》의 저자 생텍쥐페리는 "부모님이 우리의 어린 시절을 아름답게 꾸며주셨으니, 이제는 우리가 부모님의 여생을 아름답게 꾸며 드려야 한다."라고 말했다. 그렇다. 미처 기억도 나지 않는 우리의 어린 시절, 부모님은 우리를 위해 헌신하고 희생하시며 우리를 아름답게 꾸며주셨다. 이제 여러분의 차례다.

대학생 때는 취업 준비로 바쁘고, 직장을 다니면 일하느라 바쁘고, 결혼을 하면 아이들 보랴 바쁘다. 그렇게 부모님과 함께 보내는 시간이 점점 줄어든다. 지금 이 시간을 놓치고 나면 정말 부모님과 함께할 시간이 많지 않다. 공부 때문에, 친구 때문에 부모님께 소홀했던 자신을 돌아보자.

계시지 않을 때 뒤늦게 후회하지 말고 지금 함께 있을 때 당장 부모님께 감사의 마음을 표현해보자.

"부모님, 사랑합니다. 감사합니다."라고 말이다.

규수와 윤미의 리얼 한마디

*규수: 부모님의 말씀이 무조건 다 옳지는 않겠지만, 중요한 건 그 모든 말씀이 다 우리를 위해 하시는 말씀이라는 것을 기억하세요. 부모님께 언제나 감사한 마음을 잊지 않기를 바랍니다.

*윤미: 부모님은 나를 끝까지 믿고 응원해주는 영원한 내 편이랍니다. 그 사실을 꼭 명심하세요!

나영 & 상아's story

고3이면 다야?

이 세상에 태어나 우리가 경험하는 가장 멋진 일은
가족의 사랑을 배우는 것이다.
-조지 맥도날드-

수능날이 다가오면 어김없이 날씨가 유독 추워진다. 수험생들의 마음처럼 말이다. 수능은 대한민국 전체의 중대한 행사라 해도 과언이 아니다. 수능을 위해 나라 전체가 숨을 죽인다.

학생들이 제때에 시험장에 들어갈 수 있도록 직장인들의 출근 시간을 늦추고 교통 혼잡을 막는다. 경찰은 수험생을 에스코트하고, 혹시 모를 지각생을 위해 초긴장모드로 대기한다. 심지어 영어 듣기평가가 진행될 때는 비행기도 착륙을 금지할 정도니, 그 중요성이 어느 정도인지 가늠할 수 있다. 수능 시험장 앞에서 학교 후배들의 열렬한 수능 응원과 부모님들의 기도 풍경은 전통이 된 지 오래다.

그리고 이날만큼은 수험생이 VIP가 된다. 일년에 단 한 번뿐인 시험으로 인생을 통째로 결정짓는 대한민국 교육 현실이 낱낱이 공개되는 순간이

기도 하다.

수험생의 수고도 크지만 수험생 가족의 수고와 스트레스도 만만치 않다. 몇 년 전, 한 케이블TV에서는 '13일의 목요일: 수능 괴담'이란 코미디 프로그램이 화제가 된 적이 있었다. 식구들이 즐겁게 텔레비전을 보며 웃고 즐기고 있는 그 순간, 수험생 딸의 등장으로 집은 순식간에 공포 분위기로 바뀐다. 온 식구가 수험생 딸의 눈치를 본다. 극도로 예민해져 있는 딸을 위해 대화를 아끼는 것은 기본이요, 발걸음 소리, 변기 물 내리는 소리까지 시끄럽다는 딸 때문에 집 안은 침묵과 공포에 휩싸인다. 이 프로그램이 화제가 되었다는 것은 결국 많은 이들의 공감을 얻었다는 뜻이다. 조금 과장되긴 했지만 수험생을 둔 대한민국 어느 가정에서나 볼 수 있는 흔한 모습일지 모른다.

언제나 그 자리에서 묵묵하게

나영이 역시 여느 고3 수험생과 다르지 않았다. 선배들의 수능 시험이 끝남과 동시에 자연스럽게 넘겨받은 '수험생'이라는 단어 자체가 부담스러웠다. 줄어드는 D-day를 보며 몰려드는 조급함과 막막함에 포기하고 싶은 순간도 많았다.

공부가 잘 되지 않을 땐 안 보던 뉴스마저 재미있게 느껴지고, 심지어 벽을 쳐다보는 것마저 즐거웠다. 수험생활 내내 재미있는 드라마나 영화가 나올 때면 '잠깐 쉬면서 딱 한 번만 볼까?' 하는 유혹이 생기다가도, '아니야, 내가 지금 텔레비전 볼 때가 아니잖아.'라며 고개를 흔들기도 했다. 그런 생활이 반복되다 보니 나영이는 어느새 자신이 문제집을 푸는 기계처럼 느껴졌다. 그렇게 유혹을 참아가며 공부를 해도 시험을 보면 늘 만족스럽지 못한 성적에 실망과 좌절을 하기도 했다.

여름방학이 시작될 무렵, 수시 지원을 위해 자기소개서를 써야 할 때가 왔다. 하지만 빈칸을 무엇으로 채워야 할지 막막하기만 했다.

'이럴 줄 알았으면 다른 활동이라도 더 열심히 해둘걸….'

나영이는 시간을 되돌리고 싶었다. 아무리 열심히 자기소개서를 채워가도 선생님은 조금 더 수정해보라는 피드백을 주셨고, 이 과정이 반복될수록 나영이는 초조해졌다.

친구들과의 관계도 경쟁모드로 돌아갔다. 학교에서 친구들과 대화하는 시간도, 어울리는 시간도 줄어들었다. 나영이만의 일이 아니었다. 대부분의 친구들도 마찬가지였다. 시간이 흐르면 흐를수록 점점 나영이의 스트레스는 커져만 갔다.

이 스트레스의 화살은 곧 나영이의 가족을 겨냥했다.

"엄마는 딸이 잠 못 자며 공부하는데 잠이 와?"

"야, 너는 동생이라는 게 누나 공부하는데 그렇게 꼭 텔레비전을 크게 틀고 봐야겠어?"

나영이는 가족에게 쓸데없는 꼬투리를 잡아 화풀이를 했다.

"나영이, 수험생이라 많이 힘들지? 쉬엄쉬엄 잘 준비하렴."

친척들과 주변 사람들이 이렇게 걱정과 격려를 해주어도 나영이는 예민하게 반응했다. 그냥 자신을 가만히 내버려뒀으면 하는 마음과, 언제나 자신을 배려해주고 신경 써주기를 바라는 마음이 공존했다.

그렇게 나영이는 자신을 걱정해주는 가족과 주변 사람들에게 짜증과 불만으로, '수험생'이라는 특권 아닌 특권으로 사람들에게 상처를 주며 예민하게 십대의 마지막 시기를 보냈다. 그때는 자신의 행동이 당연하게만 여겨졌다. 오히려 자신에 대한 관심과 배려조차 불만이었다.

이제 나영이는 그토록 바라던 대학생이 되어 있다. 한 걸음 떨어져서 과거의 자신을 바라보니 나영이는 문득 이런 생각이 들었다.

'대학에 입학한 건 그저 내가 공부를 열심히 했기 때문만은 아니구나….'

나영이가 대입을 준비하는 동안 나영이 뒤에는 언제나 묵묵히 기다려주시던 부모님이 계셨다. 성적 하나하나 고려하며 꼼꼼히 조언을 해주시던 선생님이 계셨다. 매 순간 옆에서 함께해주던 친구들, 대박기원 선물과 함께 힘을 북돋아주던 후배들과 고마운 사람들이 아주 많이 있었음을 그때는 미처 알지 못했다.

당연하게 생각했던 가족들의 배려와 미처 생각지 못했던 주변 사람들의 관심과 고마움이 있었기에 지금의 내가 있을 수 있다는 사실을 깨닫자 나영이는 자신의 행동이 매우 부끄러웠다.

'그땐 왜 그렇게 예민하게 굴었을까? 말 한마디라도 따뜻하게 할걸….'

나영이는 지금부터라도 내 사람들에게 잘해야겠다고 다짐하며 자신의 행동을 반성하고 돌아보게 되었다.

가장 소중한 것

상아 역시 누구보다 가족의 소중함을 잘 알고 있는 친구다. 상아는 초등학교 6학년 때 처음으로 엄마 품을 떠나 필리핀으로 유학을 가게 되었다. 한국을 떠나 낯선 풍경, 낯선 생김새와 생소한 언어 사이에서 상아의 유학생활이 시작되었다. 어린 상아는 유학생활 초기에 엄마 품을 떠나 타지에서 혼자 지낸다는 것이 너무 외로웠다. 그래서 엄마를 그리워하며 밤늦게까지 울기도 많이 울었다.

하지만 1년 정도가 지나자 상아는 홀로 지내는 생활에 어느 정도 적응할 수 있었다. 오히려 혼자서 지내는 게 더 편해졌고, 부모님이 곁에 없어도 내 앞에 주어진 상황들을 쉽게 해결하게 되었다. 하지만 그렇다고 해서 외롭지 않은 것은 아니었다. 늘 부모님을 그리워했다. 곁에 있을 때는 미처 몰랐던 부모님의 소중함을 뼈저리게 느꼈다.

어느덧 시간이 흘러 상아는 필리핀에서 초등학교와 중학교를 마치고 한국으로 돌아왔다. 한국에서 고등학교 생활을 하기 시작하면서 적응하는 동안 애로사항도 있었지만, 그토록 그리워했던 집으로 돌아온 것이 무척 행복했다. 가족과 함께 생활하니 너무나 든든하고 포근했다. 상아는 지금도 부모님께 늘 감사하며 스스로 많은 활동들을 혼자서 해결해가고 있다.

톨스토이의 작품 중 〈세 가지 질문〉이라는 단편소설에는 인생에서 풀지 못하는 세 가지 질문이 나온다.

"첫째, 그대에게 가장 소중한 때는 언제인가?"

"둘째, 그대에게 가장 소중한 사람은 누구인가?"

"셋째, 그대에게 가장 소중한 일은 무엇인가?"

여러분은 이 답을 알고 있는가?

그렇다. 가장 소중한 때는 '지금'이다. 입시라는 현실 앞에서 치열하게 공부에 열중하는 바람에 청소년기의 여러분은 십대의 소중함을 놓치기 쉽다. 그러나 사람이 지배하고 사용할 수 있는 시간은 바로 지금뿐임을 기억해야 한다.

가장 소중한 존재는 지금 대하고 있는 바로 '그 사람'이다. 매일 내가 부딪히는 나의 가족, 친구, 선생님…. 그 '소중한 사람에게 정성을 다해 사랑을 베푸는 일'이 여러분이 지금 해야 할 가장 소중한 일이다.

고3 시절은 인생에서 가장 힘들었지만 어떤 순간보다도 사랑하는 사람들에게 많은 관심과 응원을 받는, 인생에서 가장 행복한 순간이라는 사실을 잊지 말았으면 한다. 인생에서 가장 소중한 것은 바로 내 곁에 있다. 지금 내 옆에 있는 사람에게 정성을 다하자.

나영이와 상아의 리얼 한마디

*나영: 돌이켜보면, 지겹고 불안하기만 했던 수험생 시절이야말로 오로지 '나'에 대해서 진지하게 고민해볼 수 있는 유일한 시간이었어요. 자신을 사랑해주는 사람들이 있었기에 여러분도 끝까지 버티고 이겨낼 수 있을 거예요. 자신을 사랑해주는 사람들에게 의도치 않은 상처를 주지 않기를 진심으로 바랍니다.

*상아: 고등학교 시절이 가장 힘든 시기라고 하지만, 가장 많이 성장하는 시기이기도 해요. 소중한 것을 놓치지 말고 꼭 지키기를 바라요.

꿈쌤이 알려주는 '관계'를 지키는 꿀팁!

우리가 인생을 살아가면서 하고자 하는 모든 것, 그 중심에는 사람이 있습니다. 아무리 성공했어도 내 주변의 사람을 지키지 못하면 행복할 수 없겠지요. 관계를 지키는 가장 좋은 방법은 바로 상대방을 향한 '진심'이랍니다.

용기를 내어 사과할 것

나도 모르게, 혹은 의도적으로 누군가에게 상처를 준 적이 있나요? 내가 무심코 내뱉은 말 한마디, 행동 하나가 누군가에게는 아주 아픈 상처로 남았을지도 몰라요. 혹시 지금 마음 한 구석에 미안함과 함께 떠오르는 친구가 있다면, 그 친구에게 먼저 다가가세요. 그리고 용기를 내서 진심 어린 한마디를 전하는 거예요.

"미안해."

진심을 담은 말 한마디는 사람의 마음을 움직이는 아주 강력한 힘을 갖고 있답니다. 분명 그 친구도 여러분을 용서해줄 거예요.

진짜 우정을 지킬 것

청소년기에 공부만큼, 어쩌면 공부보다 더 중요하게 느껴지는 것은 바로 친구관계일 거예요. 친했던 친구와 다투거나, 갑자기 친구들이 나를 멀리하면 하루 종일 아무것도 손에 잡히지 않고, 세상에 나만 혼자 남은 것처럼 우울하고 속상함을 느낄 수 있습니다. 사소한 것이나 잘못된 소문으로 나를 오해하거나, 의도적으로 나를 멀리하는 친구들이 있다면 끙끙 앓지 말고 쿨하게 그들과 작별하세요. 외롭지 않겠느냐고요? 여전히 여러분 곁에는 좋은 친구들이 많이 있으니 걱정 마세요. 내가 먼저 좋은 친구가 되어 나에게 다가오는 또 다른 좋은 친구와 관계를 맺으면 된답니다. 우리는 살아가면서 나를 믿고 좋아해주는 친구만 지키기에도 아주 바쁘답니다.

부모님을 내 편으로 만들 것

부모님은 사춘기가 된 자녀가 부모를 멀리할까 봐 걱정하고 두려워합니다. 사춘기라는 이유로, 공부한다는 이유로, 너무 익숙하고 편하다는 이유로 부모님을 함부로 대하고 있지는 않나요? 부모님과 등을 돌리는 것은 세상에서 가장 든든한 지원군을 발로 차는 것과 다름없어요. 부모님은 무조건 여러분의 편입니다. 부모님과 대화하세요. 일상 속의 아주 사소한 것이라도 부모님과 직접 대화를 나누다보면 서로를 좀 더 신뢰하고 이해할 수 있어요. 소통은 사람과 사람의 마음을 연결하는 중요한 통로랍니다.

Special Interview

5년 후 만난 책 속 주인공 이야기 _ 나영

꿈쌤 : 나영아, 오랜만이야! 처음 책이 나왔을 때만 해도 고등학교를 막 졸업했던 나영이가 어느덧 대학교까지 졸업했구나! 20대가 되니 어때?

나영 : 꿈쌤, 안녕하세요! 성인이 되니 자유를 누릴 수 있다는 게 가장 좋았어요. 전국 각지와 해외에서 온 친구들을 사귀고, 함께 여행도 가고, 한강에서 맥주도 마시고 하면서요. 물론 그 자유엔 책임이 따르지만 말이죠. 크고 작은 선택의 순간에서 부모님 도움 없이 스스로 결정해야 하고 거기에 따른 책임을 져야 한다는 게 가장 큰 장점이자 단점인 것 같아요.

꿈쌤 : 20대에 접어든 뒤로 인간관계는 어떻게 달라졌어?

나영 : 동네에서만 놀던 10대 시절에 비하면 훨씬 깊고 폭넓은 관계도 만들 수 있었는데, 요즘은 코로나로 인해 사람들을 많이 만날 수 없다는 게

무척 아쉬워요. 화상으로만 연락하고 있으니 인간관계의 소중함을 더 느끼고 있답니다. 지나고 보니 내 사람들에게 잘하는 것만큼 중요한 건 없더라고요. 그래서 부모님과 친구들로부터 받은 사랑을 저도 따라서 베풀고자 늘 애쓰고 있습니다.

꿈쌤 : 오호, 성인이 되더니 아주 성숙해졌구나! 관계로 인해 힘들어하거나 외롭다고 느끼는 후배 청소년들에게 한마디 해줄래?

나영 : 성인이 된 지금도 인간관계는 어렵고, 여전히 예측할 수 없는 일도 일어나지만, 그 관계에 최선을 다한다면 후회는 없어요. 내 자존감을 떨어뜨리거나 나에게 좋은 영향을 주는 사람이 아니라면 결단력 있게 끊어내는 것도 중요하더라고요. 내 감정을 솔직히 드러내는 것을 어려워하지 말고 주변에 허심탄회하게 이야기해보세요. 생각보다 훨씬 많은 사람들이 나를 아껴주고 사랑해주고 있다는 사실을 알게 될 테니까요!

Dream

“꿈이 있으면 길을 잃지 않아”

PART 03

경이's story

괜찮아, 꿈이 있으면 길을 잃지 않아

꿈을 향해 자신 있게 나아간다면,
자신이 꿈꾸는 삶을 위해 노력한다면,
일상 속에서 예기치 못한 성공과 마주하게 된다.
-헨리 데이비드 소로우-

작가로서 가장 큰 보람과 행복은 내 책을 읽은 독자들에게 긍정적인 영향력을 줄 때가 아닐까 싶다. 특히 책을 읽은 청소년 독자들에게 많은 도움이 되었다는 메일이 오면 그 감동은 배로 더해진다.

출간된 지 5년간 꾸준히 사랑을 받아온《괜찮아, 꿈이 있으면 길을 잃지 않아》의 개정판을 준비하면서 문득 아이디어가 떠올랐다.

'이 책을 읽고 실제로 도움을 받은 청소년 독자가 이번 개정판 속의 주인공이 되면 어떨까?'

그리고 그 상상은 곧 현실로 이루어졌다.

'예비 청소년지도자를 위한 대학생 서포터즈' 활동에서 만난 경이가 바로 그 주인공이다. 알고 보니 이 친구가 고등학교 1학년 때부터 이 책을 읽으며 청소년지도사의 꿈을 키워온 '리얼 독자'였던 것이다. 마침 개정판을 준비하던 중이었는데, 만남의 타이밍도 참 기가 막히다.

인연이라는 것은 이토록 신기하다. 이 책을 읽고 있는 여러분과 나도 언젠가 모두 만날 수 있다고 믿는다. 당신도 충분히 가능하다. 다음 개정판에는 꼭 책 속 주인공에 도전해보시기를.

용돈으로 구입한 첫 책

경이는 중학교 3학년 때 학생회 간부 수련회에 갔다가 청소년 수련원에서 일하시는 분들을 보고 '청소년지도사'라는 직업에 관심을 가지게 되었다. 청소년과 소통하며 즐겁게 일하시는 모습에 호기심이 생긴 것이다. 그때부터 친구들이나 선생님께서 꿈이 뭐냐고 물으면 경이는 항상 '청소년지도사'라고 대답했다. 하지만 생소한 직업이기에 항상 "그게 뭔데?"라는 질문이 돌아왔다. 주변에 경이와 같은 꿈을 목표로 하는 친구들도 없다보니 항상 혼자 고민해야 했다.

고등학교 1학년이 된 경이는 고민 끝에 부모님께 자신의 꿈을 말씀드리기로 했다.

"엄마, 저 청소년지도사가 되고 싶어요."

"청소년지도사? 그게 뭔데? 차라리 공무원 같은 안정적인 직업이 어떻겠니?"

경이의 부모님 역시 청소년지도사에 큰 관심을 보이지 않으셨다. 결국 경이는 부모님께도 진로에 대한 고민을 털어놓지 못하게 되었고, 혼자서 틈틈이 정보를 수집하기 시작했다. 하지만 생각보다 정보가 부족했고, 외롭고 답답한 마음만 들었다. 이 꿈을 이루기 위해서 대체 무엇을 해야 할지, 이 꿈을 과연 이룰 수나 있을지 확신이 들지 않았기 때문이다.

'나만 왜 이렇게 힘든 걸까? 내가 괜한 꿈을 꾸는 것은 아닐까?'

그렇게 혼자서 힘들어하던 중에 우연히 청소년지도사가 쓴 책을 발견했다. 바로《괜찮아, 꿈이 있으면 길을 잃지 않아》였다.

'우와! 이 책을 쓰신 분이 청소년지도사라고?'

경이는 한 줄기 빛을 발견한 기분이었다. 태어나서 처음으로 자신의 용돈으로 책을 구입했다. 책에는 자신과 같은 꿈을 가지고 있는 청소년의 이야기부터, 실제로 청소년지도사로 일하고 있는 선생님의 실제 이야기가 가득했다. 항상 궁금했던 직업에 관한 의문이 대부분 해결되었다. 경이는 꿈에 대한 고민이 생길 때마다 한 번, 두 번, 세 번씩 계속 책을 읽었다. 읽을 때마다 답답했던 가슴이 뻥 뚫리는 것 같았다. 세상에는 정말 다양한 꿈을 가진 청소년이 많이 있었고, 모두 각양각색의 고민으로 힘들어하고 울고 그러다가도 다시 웃고 있었다. 위기를 만났을 때 극복해가는 과정은 모두 달랐지만, 극복한 뒤에는 꿈에 한 발자국 가까워졌다는 것도 알게 되었다.

꿈에 한 걸음 더 다가가는 방법

책을 만나고 나서 경이는 꿈에 대한 확신이 생겼다. 남의 꿈과 내 꿈을 비교하지 말고, 내가 지금 할 수 있는 일을 직접 찾아보기로 결심했다. 이렇게 결심만 했을 뿐인데도 신기하게 경이의 삶의 태도가 달라졌다. 학교에서도 매사에 적극적으로 임했고, 주말에도 늦잠을 자거나 게임을 하며 시간을 낭비하는 대신 꿈에 가까워질 수 있도록 봉사 활동이나 동아리 활동을 했다.

'내 꿈과 관련된 봉사 활동은 없을까? 나처럼 고민을 털어놓을 곳이 없는 친구나 후배들에게 도움을 줄 방법은 없을까?'

이런 고민을 하던 경이는 마침 '멘토 멘티 동아리'를 발견했다. 자신이 선배 멘토가 되어 도움이 필요한 후배 멘티를 지원하는 활동이었다. 경이는 소극적인 성격이 고민이라는 멘티에게 동화책을 큰 소리로 읽어보는 연습을 제안했고, 자신의 생각을 올바른 말로 표현할 수 있도록 용기를 주었다. 그러자 멘티는 차츰 자신감을 찾아갔고, 경이는 이 모습에 뿌듯함을 느꼈다. 친구들과의 관계로 고민하는 멘티에게는 친구가 되어주기도 했다. 이야기를 공감하며 들어주고 자신이 겪었던 경험을 나누며 함께 삶을 공유했더니, 걱정과 불안만 가득했던 멘티의 얼굴에 평화가 떠올랐다. 이러한 멘토링 경험을 통해 경이는 '나도 누군가에게 힘과 용기를 줄 수 있는 사람이구나!' 하는 자부심을 얻을 수 있었고, 앞으로 더 많은 청소년에게 힘을 줄 수 있는 존재가 되고자 하는 열정을 갖게 되었다.

그밖에도 어린아이들과 마을 주민을 위한 행사를 기획하고 진행하는 동아리의 회장을 맡아서 57명이나 되는 많은 부원을 이끌기도 했다. 매달 한 번씩 시내 외곽에 있는 동네 초등학교 옆 골목에 행사장을 만들어 아이들에게 골목의 즐거움을 알려주는 동아리였다. 여름에는 골목 수영장을 주제로 물놀이장과 아이들이 직접 운영하는 프리마켓, 골목 콘서트, 다양한 체험 부스를 기획해서 운영했다. 회장은 처음이라 실수도 많이 하고 생각지도 못한 어려움이 닥치기도 했다. 하지만 많은 사람들과 함께 일하면서 책임감을 가지게 되었고, 갑작스러운 위기에 빠르고 침착하게 대처하는 법을 알게 되었다. 누군가와 함께 의견을 이야기하는 과정에서는 나와 다른 생각을 받아들이고 인정하는 태도를 배웠다. 그렇게 시작한 봉사활동이 고등학교 1학년을 마칠 때에는 200시간이 넘었고, 고등학교를 졸업할 즈음에는 전교에서 가장 많은 봉사를 한 사람이 되어 있었다.

처음엔 경이의 꿈에 확신이 없으시던 부모님도 이런 모습을 묵묵히 지켜보신 뒤에는 누구보다 경이를 믿고 응원하는 든든한 지원군이 되셨다. 고등학교 3년간의 다양한 활동과 경험들을 통해 경이는 자신이 잘하는 일과 즐기면서 할 수 있는 일이 무엇인지 깨닫게 되었고, 자신의 꿈에 더욱더 확신이 생겼다. 경이는 스스로 꿈에 한 발자국 다가가는 방법을 터득하게 된 것이다.

꿈이 있으면 길을 잃지 않아

마침내 경이는 자신이 원하던 학과에 합격하여 대학생이 되었다. 같은 꿈을 가진 친구들을 만나서 함께 고민을 나누고 정보를 공유하니 대학 생활 하루하루가 즐겁게 느껴졌다. 대학교에서 진행하는 다양한 활동에 열심히 참여하던 중 새로운 경험을 위해 우연히 화성시청소년수련관에서 모집하는 대학생 서포터즈 활동에 지원하게 되었다. 그런데 알고 보니, 바로 그 대학생 서포터즈 담당자가 《괜찮아, 꿈이 있으면 길을 잃지 않아》의 저자 꿈쌤이었던 것이다.

'세상에나! 내가 가장 힘들었던 시기에 위로받고 용기를 얻었던 가장 아끼는 책의 저자를 이렇게 만나게 되다니! 대박, 이거 실화야?'

경이는 너무 놀랍고 신기해서 만나는 사람마다 자랑을 늘어놓았다. 그뿐만이 아니라 자신의 10대 시절을 든든하게 지켜준 책의 독자에서, 이제는 책 속의 주인공이 되다니! 경이는 아직도 그저 꿈을 꾸는 기분이라고 했다. 나 역시 독자였던 경이가 책 속 주인공이 되어주어 참 고맙고 기특하다. 이 모든 것은 경이가 꿈을 잃지 않고 그 꿈을 향해 한 걸음씩 걸어갔기에 가능한 일이다.

《꿈이 나에게 묻는 열 가지 질문》의 저자 존 맥스웰은 꿈에 대해 이렇게 정의한다.

"꿈이란 당신의 마음과 의지, 감정에 에너지를 불어넣어 당신이 이룰 수 있는 모든 것을 해낼 힘을 주는 미래의 그림이다. 추구할 만한 가치가 있는 꿈은 당신의 목표와 잠재력을 보여주는 그림이자 청사진이다."

그렇다. 꿈은 여러분을 앞으로 나아가게 하고, 움직이게 만드는 원동력이다. 꿈의 가장 큰 가치는 꿈을 통해 얻는 결과물이나 성과가 아니라, 그 꿈을 향해 걸어가는 과정 속에서 나 자신을 발견하고, 내가 어떤 사람이 되느냐이다. 즉 꿈을 이뤄가는 과정이 중요하다는 말이다.

여러분은 지금 자신의 꿈을 향해 어떤 노력을 하고 있는가? 아직 꿈이 없어서 걱정인가? 꿈이 있지만 이 꿈이 나의 길인지 불안한가?

자신이 정말로 꿈을 이루길 원한다면, 지금 당장 무엇이든 실행하고 한 걸음씩 그 꿈을 향해 걸어가 보자. 비록 빙빙 돌아가게 될지라도, 방황하고 헤매게 될지라도, 꿈이 있으면 결국엔 길을 찾게 될 테니 말이다.

"괜찮아, 꿈이 있으면 길을 잃지 않아!"

경이의 리얼 한마디

내가 하고 싶은 일이 분명히 있다면, 먼저 길을 찾아나서는 용기를 가지세요. 도전할 기회가 생겼다면 지금의 자신을 믿고 얼마든지 도전해보세요. 내가 나를 믿어주기만 한다면 실패도 더 이상 두렵지 않을 거예요.

진아's story

왜 엄마가 내 인생을 결정해?

나는 미래가 어떻게 펼쳐질지는 모르지만,
누가 그 미래를 결정하는지는 알고 있다.
-오프라 윈프리-

몇 년 전, EBS 다큐프라임 〈나는 꿈꾸고 싶다〉에서는 엄마들과 아이들을 대상으로 한 가지 실험을 했다. 엄마와 아이들에게 각자가 알고 있는 직업을 전부 적도록 하는 것이었다. 실험 결과, 엄마들은 15~20개, 아이들은 그 두 배인 평균 30~40개 이상을 적었다.

현재 파악된 직업의 개수만 16,000개가 훌쩍 넘는다고 하는데, 부모님은 그중 고작 스무 가지 정도의 직업만을 알고 있는 셈이다. 그리고 그 부모님이 자녀의 진로에 영향을 미치고 있다는 사실이 아쉽게 다가온다.

전국 중·고등학생 6,500명을 대상으로 '진로·직업 선택의 주된 영향 요인'의 결과를 보면 부모님의 영향이 81.3%로 가장 높았다. 이처럼 아이들은 부모님을 통해 세상을 바라보는 관점을 배우고, 자신의 진로까지 결정하곤 한다. 실제로 많은 청소년들이 자신의 의지와는 상관없이 부모님의 기대에 따라 자신의 진로를 정하고, 심지어 고등학교나 대학교까지 부모님의 의견에 따르고 있다.

사실 청소년기는 부모님의 보살핌을 받는 시기이기도 하지만, 곧 성인이 되기 위해 독립을 준비하는 시기이기도 하다. 그러다 보니 부모님과 의견이 다르거나 기대에 못 미치게 되면 부모님과 갈등이 생기기도 한다.

부모님의 기대에 못 미친다거나 갈등이 생겼다고 너무 실망하거나 부모님과의 관계를 멀리할 필요는 없다. 이럴 때일수록 부모님이 자신에게 거는 기대와 나의 의지를 분리해서 생각하는 것이 중요하다. 부모 또한 자녀에게 기대하는 '공부'와 '꿈'에 대한 관심의 방향이 달라져야 한다. 부모님의 기대와 자신의 의지가 균형을 이룬다면, 어른이 되어서도 남의 기대에 끌려가지 않는 자기 주도적인 인생을 살아갈 수 있다.

나의 꿈 vs 엄마의 꿈

진아는 어릴 때부터 자라면서 매번 꿈이 달라지곤 했다. 의사나 변호사처럼 멋있어 보이는 직업이나, 드라마에 등장하는 재미있어 보이는 직업을 가지고 싶은 때도 있었다. 특별한 이유 없이 막연하게 꿈을 갖다 보니 고등학교에 올라와서는 자신이 정작 하고 싶은 일이 무엇인지 모르는 상태가 되었다.

새 학기가 될 때마다 자기소개서의 장래희망 칸을 채워야 했지만, 그때마다 진아는 막막함을 느꼈다. 주위에서는 내가 잘하는 것이 무엇인지, 무엇을 할 때 즐거운지 생각해보라고 하는데 그것조차도 진아는 찾을 수가 없었다. 어른들이 꿈이 뭐냐고 물어보면 뭐라고 대답할지 몰라서 망설일 때가 많았다. 그럴 때면 어른들은 "일단 공부하렴. 성적을 올려놓고 나중에 생각해도 늦지 않다."라고 말씀하곤 하셨다.

하지만 진아는 자신이 하고 싶은 일을 빨리 찾고 싶었다. 공부하기 싫을 때 동기부여가 될 만한 일이 있었으면 했다.

그러던 어느 날, 진아는 우연히 자신의 행복을 발견하게 되었다. 진아의 어머니는 진아가 초등학교 1학년 때부터 지역 아동센터를 운영하셨다. 진아도 자연스럽게 지역 아동센터 아이들과 보내는 시간이 많았고, 청소년 대상 캠프 프로그램이나 단체 활동에 참여하는 기회도 많이 주어졌다. 진아는 캠프에서 새로 만나는 사람들이 너무 좋았고, 활동을 통해 재미를 느끼면서 자신 또한 청소년들에게 힐링이 될 수 있는 프로그램을 기획하고 싶다는 생각을 갖게 되었다.

진아는 조심스레 어머니께 자신의 꿈에 대해 말씀드렸다.

"엄마, 저 꿈이 생겼어요. 엄마처럼 청소년 관련 직업을 갖고 싶어요."

꿈을 찾았다는 말에 기뻐하실 줄 알았는데, 예상과 달리 엄마는 평소처럼 "그래? 네가 그렇다면 한번 해보렴."이라고 말씀하실 뿐 별다른 반응을 보이지 않으셨다.

그리고 그로부터 얼마 후, 엄마는 진아를 부르셔서 이렇게 말씀하셨다.

"진아야, 공무원을 해보는 게 어떻겠니? 청소년 관련 직으로 교육 공무원도 있으니 공무원 시험도 한번 생각해보렴."

진아는 공무원이 되겠다는 생각은 단 한 번도 해본 적이 없던 터라 당황스러웠다. 게다가 공무원은 가슴 뛰게 하는 꿈이 아니라, 그냥 안정적인 직장을 원하는 사람들이 선택하는 직업이라는 선입견이 있어 진아는 별로 마음에 들지 않았다. 엄마 마음대로 자신의 꿈을 결정지으려고 하자 진아는 참지 못하고 엄마와 크게 다퉜다. 진아는 엄마가 도저히 이해가 되지 않았다.

'엄마도 청소년을 위한 일을 하고 있고, 뿌듯함과 자부심도 느끼시면서, 왜 나는 안 된다고 하시는 거지? 도저히 이해가 안 돼.'

내 꿈은 내가 결정한다

그날 진아는 엄마와 5시간 동안 대화를 나눴다. 처음엔 울며 불며 시간을 보냈지만, 대화가 이어지자 서서히 서로를 이해할 수 있었다.

"진아야, 엄마는 엄마의 직업이 자랑스럽고 보람 있어. 하지만 사실 경제적으로 많이 힘들단다. 엄마는 진아가 조금 더 여유롭고 안정적인 생활을 했으면 좋겠어."

엄마는 경제적인 이유로 진아에게 공무원 시험을 권하셨던 것이다.

하지만 진아가 언제부터, 왜 청소년 관련 직업을 갖고 싶었는지, 지금 얼마나 이 일을 하고 싶은지 진지하게 이야기하자, 엄마도 곧 진아의 생각에 동의해주셨다. 그리고 지금은 누구보다 든든한 진아의 지원군이 되어주셨다.

만약 진아가 자신의 의지와 상관없이 엄마의 기대에 따라 진로를 결정했다면 어떠한 삶을 살게 되었을까? 아마 공무원 시험 준비를 하면서 힘들 때마다 엄마를 원망하게 되고, 뒤늦게 적성이 안 맞아 다시 자신이 하고 싶은 일을 찾기 위해 먼 길을 돌아가야 했을지도 모른다. 하지만 부모님에게 자신의 의지를 진지하게 말씀드리고 설득하니 이젠 자신의 인생을 스스로 한 걸음 더 걸어갈 수 있게 되었다.

부모님은 "다 너를 위해서야."라며 자꾸만 자녀들의 꿈에 개입하곤 한다. 하지만 여러분은 그 말에 넘어가 부모님에게 여러분의 꿈을 양보해서는 안 된다. 그렇다고 무조건 부모님께 반항하라는 뜻도 아니다. 충분히 여러분의 의지를 설득시킬 수 있어야 한다. 결국 내 인생을 책임져야 하는 사람은 부모님이 아니라 나이기 때문이다.

내 꿈은 내가 결정해야 한다. 잠시 부모님과의 갈등이 생긴다면 가슴은 아프겠지만 자신의 꿈에 대한 확신과 비전이 있다면 부모님을 설득해서라도 내가 가고자 하는 길을 가야 어떤 결과라도 후회가 없다. 부모님이 내 꿈을 반대한다고 해도 실망하지 말자. 오히려 부모님을 든든한 내 편으로 만들 수 있는 방법을 생각해보자. 내게 이 꿈이 얼마나 간절한지를 말뿐만이 아닌 행동과 실천으로 보여주는 것은 어떨까? 부모님이 원하는 것은 결국 여러분이 행복하게 사는 것이다. 여러분이 스스로 선택한 일을 즐겁게 해나가는 모습을 본다면 부모님도 결국 그 선택을 존중해주고 인정해줄 것이다. 자식 이기는 부모는 없다는 말도 있지 않는가. 여러분의 진심을 부모님께 잘 전달해보자. 결국 부모님은 여러분의 편에서 가장 든든한 지원군이 되어주실 것이다.

진아의 리얼 한마디

꿈으로 인해 부모님과의 의견충돌로 힘들어하는 친구들이 있다면, 부모님께 당당하게 보여주세요. 얼마나 그 일을 하고 싶은지, 얼마나 좋아하는지 말이에요. 대화로든, 편지로든 방법은 많이 있어요. 여러분에게 있는 열정이 부모님의 마음을 움직일 거예요!

성일's story

시골 학교에서 일어난 기적

오랫동안 꿈을 그리는 사람은 마침내 그 꿈을 닮아간다.
-앙드레 말로-

학창 시절, 미국 소설가 나다니엘 호손의 단편 〈큰 바위 얼굴〉을 읽으며 '오랫동안 꿈을 그리면 그 꿈을 닮아간다.'라는 메시지를 가슴속에 품으며 살아왔다.

소설에 등장하는 어니스트란 소년은 어머니로부터 바위 언덕에 새겨진 큰 바위 얼굴을 닮은 아이가 태어나 훌륭한 인물이 될 것이라는 전설을 듣는다. 어니스트는 커서 그런 사람을 만나보았으면 하는 기대를 가지고, 자신도 어떻게 해야 큰 바위 얼굴처럼 될까 생각하면서 묵묵히 진실하고 성실하게 자신의 인생을 살아간다. 세월이 흘러 나이가 들 때까지 어니스트는 수많은 사람을 만났지만, 큰 바위 얼굴처럼 보이는 훌륭한 사람을 만나지는 못했다. 그러던 어느 날, 석양이 질 무렵 한 시인의 눈에 온화하고 생각이 깊은 어니스트의 얼굴과 햇살 앞에 큰 바위 얼굴이 나타났을 때, 너무나 같은 두 얼굴에 어니스트를 보며 "큰 바위 얼굴이다!"라고 소리를 치고 만다. 어니스트는 어린 시절부터 가슴에 담고 있던 자신의 꿈을 닮아갔던 것이다.

대부분 자신의 분야에서 성공하거나 꿈을 이룬 사람들은 모두 어니스트와 같은 사람이다. 자신의 꿈을 늘 상상하고 마음속에 그리면서 그 꿈을 위해 노력하고 닮아가려고 애쓴다.

우연히 찾아온 행정학

화성시 남양읍이란 작은 마을에서 태어나고 자란 성일이는 십대 시절 그 누구보다 자신의 꿈을 닮아가기 위해 노력했다. 중·고등학교도 다 이 작은 마을에서 다녔기 때문에 성일이는 자신의 동네에 대한 상당한 애향심과 자부심을 가지고 있었다.

중학교 때 내신 성적이 좋았던 성일이는 타 지역에 위치한 명문 고등학교로 진학하기에 충분했다. 그러나 성일이는 부모님과 한마디 상의도 없이 집 근처에 있는 남양고등학교를 선택했다. 단지 작은 마을에 위치한 학교라는 편견으로 타 지역의 학교를 가고 싶지 않았기 때문이다.

하지만 그 선택으로 인한 여파는 생각보다 컸다. 부모님께서는 성적이 좋지 않은 친구들도 수원과 안산에 위치한 명문 고등학교로 진학했다면서 속상한 마음을 계속해서 비추셨다. 부모님의 모습을 보며 성일이는 이렇게 다짐했다.

'누구보다 열심히 해서 부모님께 내 선택이 옳았다는 것을 보여드려야지.'

성일이는 고등학교 진학 후 자신의 다짐을 지키기 위해 열심히 공부를 해나갔다. 그러나 시간이 지나면서 막연히 열심히만 해야겠다는 다짐은 비효율적인 처사였다는 것을 깨달았다. 무리한 계획으로 제 풀에 지쳐버린 탓에 수업시간부터 야간자율학습시간까지 온전히 공부에 집중하는 시간은 단 한 시간도 되지 않았다.

그러던 중 성일이는 우연히 화성시 차세대 위원회 9기 위원으로 활동하게 되었다. 차세대 위원회는 관내 중·고등학교 대표들이 모여 한 달에 한 번씩 지역의 여러 청소년 문제에 대한 주제로 회의를 개최하여 문제 해결을 위해 노력하는 활동을 한다.

특히 관내 청소년들을 위한 자체적인 프로그램을 기획하여 진행하는데, 예산 문제로 인해 담당 공무원분들과 자주 대화를 나눠야만 했다. 남양고등학교가 화성시청과 제일 가까운 거리에 위치해 있는 학교였기에 성일이는 담당 공무원을 만날 수 있는 기회가 다른 학생들에 비해 월등히 많았다. 그들과 많은 대화를 나누면서 자연스럽게 지방자치단체의 실무처리 과정에 대해 흥미를 갖게 된 성일이는 '행정학'이라는 학문에 눈을 뜨기 시작했다.

당시만 해도 특별하게 무엇이 되고 싶다는 생각도 없었을 때였다. 행정학을 공부해보고 싶은 조그마한 불씨는 공부에 흥미를 잃어가고 있던 성일이에게 행정학과에 진학하고 싶다는 열정을 불러일으키는 동기가 되었다. 어느새 성일이는 선생님과 호흡을 맞춰 수업시간에 참여하고 있었고, 야간자율학습시간에 실천 가능한 계획을 세워 공부를 해나가고 있었다.

1학년 때 화성시 차세대 위원회를 통해 학교생활의 보람을 되찾은 성일이는 이후 학생회장, 학급반장, 그리고 지역봉사 동아리 회장까지 도맡으며 자신의 몸이 여러 개였으면 좋겠다는 생각이 들 정도로 바쁜 고등학교 생활을 보냈다.

그러나 단점도 존재했다. 동시에 여러 활동을 하다 보니 공부에 신경을 쓴다고는 하지만 모의고사 성적이 생각만큼 잘 나오지는 못한 것이다. 공부를 하느라 새벽 2시 이전에 자본 적이 없었지만, 평상시에 워낙 많은 활동을 소화하다 보니 남들에 비해 절대적인 공부의 양이 부족했던 것이다. 수능이 다가올수록 초조함은 고조되었지만 이미 시작해버린 활동들을 포기할 순 없었다.

위기 속에 찾아온 기회

성적으로 고민하고 있던 성일에게 기회가 찾아왔다. 고등학교 2학년 담임선생님께서 추천해주셔서 알게 된 '입학사정관제' 전형이었다. 입학사정관제는 자신의 꿈을 이루기 위해 노력해왔고, 그 꿈을 이루기 위해 학과에 지원하는 학생들을 뽑는 전형이었다.

그중 리더십 전형은 리더의 경험이 있고, 그 경험을 통해 우수한 리더십을 갖추었다면 수능성적 없이도, 내신 성적이 조금 좋지 않더라도, 좋은 대학에 당당히 합격할 수 있는 기회가 주어졌다. 입학사정관제는 성일이에게 한 줄기 빛과 같았다.

'그래, 이거야! 이 전형이라면 내가 그동안 해온 활동들이 빛을 발휘할 수 있을 거야!'

성일이는 1학년 때부터 행정학과 진학을 바라고 있었고, 다양한 리더의 경험이 있었기 때문에 충분히 도전해볼 만한 가치가 있다고 생각했다. 입학사정관제 전형이 도입된 지 얼마 되지 않아 관련 정보가 많이 없어 애를 먹긴 했지만, 나름대로의 방법으로 착실하게 리더십 전형을 준비해 나갔다.

그 결과, 기적이 일어나고야 말았다. 성적으로 합격하기에는 턱없이 부족한 서울권 학교들에서 면접을 보러오라는 문자를 보내온 것이다. 면접은 성적이 아닌 자신의 열정을 보여주어야 하는 자리이기 때문에 성일이는 그 누구보다 자신이 있었다.

역시나 기대를 저버리지 않고 1차 서류 합격 8개 학교 중 4개 학교에 최종 합격하는 쾌거를 맛보았다. 가장 희망했던 중앙대학교를 합격했을 때의 기분을 성일이는 아직도 잊지 못한다. 부모님께서 처음으로 자신을 데리러 학교에도 오셨다. 중학교 때 남양고등학교를 선택한 것이 대학을 진학하는 데에는 큰 문제가 되지 않았음을 드디어 인정받는 순간이었기에 더욱 뿌듯했다.

남들이 열악한 환경이라고 생각하는 작은 마을에 위치한 고등학교에 다닌다고 해서 꿈을 이룰 수 없다는 것은 편견에 불과하다. 누구에게나 기회는 찾아온다. 내가 어느 위치에 있느냐가 중요한 것이 아니라, 그 위치에서 충실히 자신의 꿈을 향해 준비하다 보면 찾아온 기회를 잡을 수 있다는 것을 성일이는 깨달았다.

그리고 성일이는 중앙대학교 공공인재학부에 입학하여 그동안 꿈꿔온 행정학을 공부하게 되었다. 행정학이란 학문은 배우면 배울수록 어려운 학문이라는 것을 느낀다. 그렇지만 그동안 궁금했던 것들을 풀어가는 쏠쏠한 재미가 있기에 이러한 어려움을 즐길 수 있는 것 같다. 또한 행정학을 공부해야겠다는 꿈은 성일이가 또 다른 꿈을 향해 나아갈 수 있는 발판이 되어주었다.

학과 수업 중 배운 정책 PR과 정치마케팅 내용은 성일이를 가슴 뛰게 만들었다. 고등학생 때 꿈꾸던 행정학이란 학문적인 꿈 이외에도 사람들에게 도움을 주는 '정책 PR 전문가'라는 꿈을 비롯해 다양한 방면으로 꿈을 꾸고 있다.

그뿐만이 아니다. 자신의 입시 경험이 많은 후배들에게 도움이 될 수 있도록 해야겠다는 생각으로 전국 각지에서 모인 고등학생 150명과 함께하는 토크콘서트를 기획·진행하였고, 공공인재학부 학생들과 함께 《꿈꾸는 공공인재》라는 책도 출간했다. 이에 그치지 않고 화성시에 위치한 학교에서 직접 강연을 진행하기도 하였다.

성일이의 이야기를 담으며 이렇게 질문했다.

"성일아, 그럼 지금 네 꿈은 정책 PR 전문가니?"

그러자 성일이는 웃으며 이렇게 대답했다.

"네, 정책 PR 전문가도 제 꿈 중 하나예요."

그렇다. 성일이에게 '직업'은 자신의 꿈 중 하나일 뿐, 인생의 목표가 아니다. 꿈의 본질을 바라볼 수 있게 되면서 성일이가 살아가는 삶의 매 순간은 도전의 연속이 되었고, 도전하는 삶이 주는 에너지는 다시 성일이를 발전시키는 가장 큰 원동력이 되고 있다.

앞으로 펼쳐질 자신의 미래를 위해 하루하루 자신이 만들어나갈 꿈을 그려가고 있는 성일이가 자랑스럽다. 자신의 꿈을 위해 최선을 다하고 있는 성일이의 내일이 기대되고, 5년 후 그리고 10년 후가 너무나도 기대된다.

여러분은 지금 어떤 꿈을 그리고 있는가? 나는 오랫동안 꿈을 그리면 마침내 그 꿈을 닮아간다는 그 말을 믿는다. 지금 내가 간절히 바라고 그리는 그 꿈이야말로 미래의 내 모습이다.

어차피 난 안될 거라며 아무것도 시도해보지도 않은 채 좌절하지만은 않기를 바란다. 그 꿈을 포기하지 않고 꾸준히 노력하면서 마음속에서 계속 그리면, 언젠가 그 꿈을 닮아가는 자신의 모습을 발견할 것이다. 그날이 올 때까지, 나 꿈쌤이 여러분과 함께할 것이다.

성일이의 리얼 한마디

"하면 되고, 할 수 있고, 해야 한다." 제 좌우명입니다. 마음먹은 것을 실현하기 위해서라면 하늘이 두 쪽 나더라도 물러서지 않겠다는 저의 의지를 나타낸 말이죠. 좋지 않은 결과가 뻔히 보이더라도 일단 부딪혀보세요. 쉽게 얻을 수 없는 선물들이 여러분들을 기다리고 있을 겁니다.

다영's story

조금 느리면 어때?

역경은 우리가 무언가를 간절히 원하는지
깨달을 수 있는 기회를 주기 위해 존재한다.
-랜디 포시-

얼마 전, 고등학생을 대상으로 한 워크숍에 리더십 강의를 다녀왔다. '꿈'에 대한 이야기를 서로 나누는 시간이었다. 한 여학생이 손을 번쩍 들며 나에게 물었다.

"그런데 선생님, 꼭 꿈이 있어야 하나요? 꿈 없어도 잘살 수 있지 않나요?"

어쩌면 이런 질문이 당연하다. 성적을 강요하는 입시 교육체제의 현실 속에서 공부하느라 바쁜 청소년들에게 "꿈을 가지세요. 큰 꿈을 꾸세요."라는 말은 모순처럼 들릴지도 모르겠다. 나는 그 질문에 답 대신, 생텍쥐페리의 소설《어린 왕자》에 등장하는 에피소드 하나를 들려주었다.

자기가 가진 장미꽃이 세상에서 유일한 존재라고 믿고 있던 어린 왕자는 지구에서 그와 같은 장미꽃 5천 송이를 발견한다. 하지만 어린 왕자는 이렇게 말한다.

"나의 꽃이 되어준 그 장미꽃은 비록 한 송이지만, 나에게는 수백 송이의 너희보다 중요해. 왜냐하면 그 꽃은 내가 직접 물을 주고, 유리 덮개를 씌우고, 바람막이도 세워주고, 다치지 않게 벌레까지 잡아주었으니까. 그리고 투덜댄다거나 뽐낼 때, 심지어 토라져서 아무 말조차 하지 않을 때도 나는 귀를 기울여주었어. 바로 내 장미꽃이었으니까."

그 이야기를 듣고 어린 왕자에게 여우가 이렇게 말한다.

"네 장미꽃을 그렇게 소중하게 만든 것은 그 꽃을 위해 네가 소비한 시간이란다."

꿈도 마찬가지다. 내 꿈을 소중하게 만드는 것은 그 꿈을 위해 내 자신이 소비하는 시간이다.

꿈은 찾는 게 아니라 만드는 것이다

다영이네 가족은 지방의 시골 마을에서 작은 돼지농장을 하며 살았다. 가족 구성원이 7명이나 되는, 요즘에는 좀처럼 보기 힘든 대가족이었다. 마냥 어렸던 다영이는 친구들과 노는 그 순간들이 아주 즐거웠다. 걱정할 것이라곤 아무것도 없었다.

하지만 중학교 2학년이 되던 해, 구제역이 발생했다. 다영이네 가족의 유일한 생계수단인 돼지를 눈물을 머금고 땅에 묻어야 했다. 보상으로 돈을 받긴 했지만 그동안 밀린 사룟값을 갚고 나니 남는 것이 없었다.

수입원이 사라지자 점점 가정 형편이 어려워지기 시작했다. 무엇보다 가장 힘들었던 것은 밥 시간대가 되면 돼지 울음소리가 환청처럼 들린다는 할머니와, 힘이 없어 보이는 아빠의 모습을 보는 것이었다.

그렇게 다영이네 가족은 한동안 웃음을 잃고 살았다. 그런 분위기 가운데 다영이도 공부에 흥미를 점점 잃어갔다. 삶의 목표나 의미가 없었다. 유일한 꿈이 하나 있다면 성공하는 것. 돈을 많이 벌어 누구보다 화목한 가정을 되찾고 싶었다.

그러나 단지 성공하고 싶다는 막연한 생각만 있었지 뚜렷한 꿈과 목표가 없었다. 이 사실이 학창 시절 내내 다영이를 불안하게 만들었다.

'대체 성공한 사람은 어떤 사람일까?'

대기업에 취직한 사람이 성공한 사람인지, 좋은 대학교를 졸업한 사람이 성공한 사람인지 그 기준을 알 수가 없었다. 자신이 원하는 성공이 무엇인지조차 정의내리기가 어려웠다. 그러다 보니 점점 자신에 대해 부정적인 생각을 하게 되었다.

'나는 성적이 좋지 않으니 대기업에 취직할 수 없어.'

'성적도 안 좋으면서 좋은 대학? 꿈도 꾸지 마. 이 힘든 시기에 대학까지 간다면 넌 정말 불효녀야.'

다영이는 스스로를 깎아내리며 우울한 나날을 보냈다.

그러다가 특성화 고등학교에 입학한 후, 나름 성공한 사람이 되기 위해 자기 관리를 시작한 다영이는 틈틈이 컴퓨터 활용, 워드 프로세스 같이 현대사회에 필요한 컴퓨터 문서 작성 관련 자격증을 취득하기 위해 노력했다. 이렇게 자격증을 취득하면서 새로운 취미가 생겼고, 자신이 무엇을 잘하는지 적성도 어렴풋이 알 수 있었다. 하지만 거기까지였다.

어른들은 대부분 "청소년기에 반드시 꿈을 가져라. 지금은 꿈을 꾸는 시기다."라고 말씀하시지만, 다영이는 좀처럼 하고 싶은 일이나 되고 싶은 것이 생기지 않았다. 조바심이 났다. 꿈을 찾기 위해 고민해야 하지만, 그 시간조차 아까웠다. 그럴 시간에 차라리 취업 준비를 하는 것이 낫다는 생각이 들었다. 그러나 막상 사회의 첫 발을 내딛는 시기가 다가오니 꿈과 목표가 없는 자신이 불안해지기 시작한 것이다.

그리고 고3이 된 다영이는 고민 끝에 '대학 진학'이 아닌 '취업 준비'를 위한 새로운 도전을 시작했다. 그렇다고 꿈 찾기를 포기한 것은 아니다. 아직 진행 중일 뿐이다. 그리고 이는 비단 다영이만의 이야기가 아닐 것이다. 이 책을 읽고 있는 여러분 중에도 아직 진로를 결정하지 못하거나 꿈이 없어 걱정되고 불안한 친구들이 있을 것이다. 하지만 그런 친구들에게 나는 '괜찮다.'고 이야기해주고 싶다. 사실 십대라는 어린 나이에는 꿈을 못 찾는 것이 지극히 정상적인 일이다.

나의 롤모델이자 존경하는 김미경 대표님은 처음부터 가슴 뛰는 꿈이란 없다고 말한다. 우리가 인터넷 쇼핑몰에서 내가 갖고 싶은 물건을 클

릭해서 쇼핑하는 것처럼, 내 꿈을 찾을 때에도 쇼핑하듯이 접근하는 친구들이 종종 있다. 남들 보기에 좋아 보이는 직업, 요즘 핫한 직업, 겉에서 봤을 때 괜찮아 보이는 직업을 고르면서 이것이 내 꿈인 것처럼 착각하는 경우가 많다.

하지만 꿈은 쇼핑이 아니다. 내가 관심 있고 좋아하는 것, 내가 경험하는 모든 것들이 모여서 만들어지는 것이 바로 '꿈'이다. 그렇기에 지금 당장 내가 원하는 꿈을 찾지 못했다고 걱정할 필요가 전혀 없다. 꿈은 수십 번도 바뀔 수 있다. 그러니 조급해하지 말자.

불확실성 속에 미래를 준비하는 시기

나 역시 어릴 때에는 '청소년지도사'라는 직업을 갖게 될 줄은 전혀 몰랐다. 나의 십대는 참 많이 흔들리고 방황했다. 중학교 때까지는 중상위권 성적을 유지하면서 그리 특별할 것 없는 학창시절을 보냈다.

고등학교에 입학하면서 아버지가 하시는 일이 잘 풀리지 않으셨고, 경제적으로도 집안 형편이 꽤 어려워졌다. 새로운 친구들과 어울려 놀기 시작하면서 공부는 점점 뒷전이 되었다. 부모님과 성적으로 받는 스트레스를 좋지 않은 방법으로 풀기 시작했다. 어린 시절 그 많았던 꿈들은 점점 사라져갔다.

성적이 점점 떨어지더니 결국 반에서 꼴등까지 하게 되었다. '그저 한 번의 실수겠지.'라며 현실을 부정했다. 그러나 수능을 앞둔 고등학교 3학년의 첫 모의고사 역시 반에서 꼴등을 하자 현실을 받아들여야 했다. 성적 앞에서 한없이 초라해지고 자신감도 사라지는 내가 창피하고 싫었다.

'내가 과연 대학이나 갈 수 있을까? 어쩌다 이 지경이 되도록 방치한 거야? 앞으로 내가 뭘 해야 하지?'

뒤늦게 후회하며 불확실한 내 미래가 불안하고 조바심이 났다.

그러던 어느 날, 아버지께서 날 부르셨다. 나에게 실망도 많이 하시고 화도 나시고 속상하셨을 테지만 나를 믿고 늘 지지해주셨다.

"수연아, 아직 늦지 않았어. 아빠는 성적에 연연해하지 말고 네가 좋아하는 일을 하면서 살았으면 좋겠구나."

아버지는 이렇게 말씀하시면서 나와 적성이 잘 맞을 것 같다며 한 학과를 추천해주셨다. '청소년학과'라는 낯선 전공과 '청소년지도사'라는 다소 생소한 직업 앞에 나는 스스로를 돌아보게 되었다. 사실 평소에 나는 친구들에게 이벤트를 열어주는 것도 좋아하고, 분위기 메이커 역할도 서슴없이 했다. 친구들의 고민이 있으면 상담해주기도 했다. 그랬던 내가 방황하며 나의 모습을 잃어가고 있을 때, 아빠가 권유해주신 학과는 오랜만에 내게 '꿈'이란 걸 생각하게 해주었다.

내가 청소년기에 방황하며 경험한 시행착오를 다른 청소년들이 겪지 않도록, 자신이 정말 좋아하는 일을 하며 꿈을 찾을 수 있도록 돕는 일을 한다면 너무 보람되고 행복할 것 같았다. 이런 마음이 생기자 나는 180도 변했다. 꼭 이루고 싶은 꿈을 만나자 하기 싫었던 공부는 해야만 하는 즐거운 일로 바뀌었다. 하루 종일 의자에 앉아서 공부에만 전념하자 '의자왕'이라는 별명이 붙기도 했다. 꼴등이었던 성적은 조금씩 올랐다.

하지만 뒤늦게 발동이 떨어진 터라 수능 점수가 턱없이 부족했다. 원하는 학과가 있는 대학교에 진학할 수 없다면 성적에 맞춰 아무 대학에나 진학하는 방법도 있었지만, 나는 과감히 재수의 길을 택했다. 친구들은 대학에 입학해 신입생 기분을 내는 1년 동안, 나는 나 자신과의 싸움을 하며 힘든 재수생활을 이겨냈다.

그다음 해가 되었을 때, 마침내 나는 원하는 학과가 있는 대학에 진학할 수 있었다. 뒤늦게 찾은 꿈은 내게 공부의 즐거움을 알게 해주었고, 대학 졸업 후 결국 대학원 석사과정까지 마칠 수 있었다. 이제는 '청소년들에게 행복과 꿈을 전하는 동기부여가'의 삶을 꿈꾸며, 이렇게 청소년들에게 희망의 메시지를 전달하는 책도 쓰며, 꿈을 향해 한 걸음씩 계속해서 걸어나가고 있다.

꼴등이었던 내가 지금 이렇게 여러분 앞에 자신 있게 꿈을 말할 수 있게 된 가장 큰 이유는, 나의 불확실하고 불안했던 청소년기에서 조급해하지 않고 내가 진정 원하는 것을 만들어갔기 때문이다. 지금 여러분은 불확실성 속에서 미래를 준비하는 시기이다. 아직 꿈도 없고 앞으로 인생의 목표가 없다고 지금 여러분의 미래가 불안한 것은 아니다. 아직 여러분은 인생의 출발선에 서지도 않았다. 조급해하지 마라. 이제 시작일 뿐이다. 꿈은 찾는 게 아니라 만들어가는 것이다.

다영이의 리얼 한마디

저는 아직도 꿈을 찾고 있는 중이에요. 하지만 조급해하지 않을 거예요. 포기도 하지 않을 거예요. 꿈이 없다고 우리의 소중한 시간을 낭비하지 말고, 언제 찾아올지 모르는 기회를 위해 충분히 준비하는 우리가 됩시다!

상원 & 기성's story

내 인생은 내가 직접 설계한다

맹인으로 태어나는 것보다 더 비극적인 것은,
앞이 보이지만 비전이 없는 것이다.
-헬렌 켈러-

'언젠가 나만의 집을 짓고 싶다!'

누구나 한 번쯤 꾸는 꿈일 것이다. 나만의 멋진 집을 짓기 위해서는 정교한 건축 설계도가 필요하다. 설계도 없이 집을 짓는다면 어떨까? 뚜렷한 청사진이 없기에 어떤 집이 완성될지 불안하고 걱정될 것이다.

인생도 마찬가지다. 인생이란 집을 잘 짓기 위해서는 인생의 설계도, 즉 밑그림을 미리 그려야 한다. 특히 청소년기에 인생의 밑그림을 잘 그려놔야 앞으로 다가올 미래가 불안하지 않고 오히려 설레며 맞이할 수 있다.

내 집의 설계도는 그 어떤 사람이라도 대신 그려줄 수 없다. 스스로 설계하고 직접 그려야 더 보람 있고 의미 있는 삶을 살 수 있다. 그래야만 집을 짓는 과정 속에 책임감을 가지고, 어떤 어려움이 닥쳐도 포기하지 않고, 완성될 청사진을 바라보며 나아갈 수 있다.

세계를 누비는 외교관을 꿈꾸며

상원이는 초등학교 때 경험도 쌓고 영어공부도 하기 위해 해외에서 1년 정도를 보냈다. 여행을 너무나도 좋아했던 상원이를 위해 부모님은 어릴 적부터 상원이를 데리고 다양한 나라를 다니며 색다른 경험을 쌓게 해주셨다. 또한 다양한 대학교를 직접 방문하고 체험하게 해주시며 상원이가 꿈을 찾도록 서포트를 많이 해주신 든든한 조력자였다.

상원이가 초등학교 고학년이 되었을 때, 처음으로 부모님과 함께 진로에 대한 이야기를 나누게 되었다.

“상원아, 나중에 커서 무엇이 되고 싶니?”

“전 세계 속에서 한국을 대표하는 외교관이 되고 싶어요.”

그렇게 상원이는 자신의 목표를 ‘외교관’으로 잡고 공부를 했다. 영어학원에도 다니기 시작했다. 부모님 역시 상원이가 외국어 고등학교에 진학하기를 원하셨다.

하지만 안타깝게도 성적이 오르지를 않았다. 외고를 준비하는 학생들이라면 내신이 정말 좋아야 하는데 상원이는 그러지 못했다. 속이 상했다. 무엇보다 더욱 스트레스를 받는 것은 주위 사람들의 기대였다. 부모님은 언제나 “상원아, 네가 잘해야 네 동생들도 잘 된다.”라고 말씀하셨다. 이러한 말들이 어린 상원이의 어깨에 무게를 더하곤 했다.

어느덧 고등학교에 진학할 시기가 찾아왔다. 예상대로 내신 점수가 외고에 입학하는 데 약간 부족했다. 하지만 상원이는 일반 인문계 고등학교에 입학하기는 싫었다. 다른 과목에 신경을 쓰느라고 자신이 좋아하는 외국어를 포기하고 싶지 않았다. 그래서 외국어와 관련된 다른 학교로 눈을 돌리게 되었다.

그리고 마치 운명처럼, 상원이는 중학교 3학년 2학기 중순 무렵에 게시판에 붙어 있는 '한국관광고등학교 관광 외국어 말하기 대회' 포스터를 발견했다. 아쉽게도 본선에 진출하지는 못했지만 이런 특이한 학교가 있다는 것을 알게 된 것만으로도 상원이에게는 아주 귀중한 기회였다.

담임선생님과 상담을 한 끝에 상원이는 한국관광고등학교에 지원해보기로 결심했다. 서류와 면접 준비를 꼼꼼하게 한 결과, 높은 경쟁을 뚫고 상원이는 당당히 한국관광고등학교 13기 관광영어통역과로 입학을 하게 되었다.

도전, 도전, 도전

한국관광고등학교는 전교생이 기숙사에서 생활한다. 친구들과 매일 재미있게 놀고 마냥 즐겁게 보낼 것 같지만 그렇지 않은 부분도 많았다. 전국에서 모인 학생들은 각자의 개성을 가지고 있어 처음에는 서로 맞추느라 많이 다투기도 했다. 동급생뿐만 아니라 선배들과도 같이 지내기 때문에 더욱 신경을 써야 했다.

그러던 어느 날, 11기 선배가 상원이에게 해준 조언 한마디가 상원이의 학교생활을 180도 바꾸어 놓았다.

"떨어져도 좋으니까 학교에서 하는 모든 활동에 다 지원해봐."

사실 상원이는 남들 눈치를 보느라 학교생활이나 기타 활동에 적극적으로 임하지 못하고 있었다. 지원했다가 떨어지는 것이 창피하고 두려웠기 때문이다. 하지만 상원이는 그 선배의 말을 믿고 그때부터 교내에서 하는 모든 활동에 지원하기 시작했다.

예상대로 곱지 않은 시선도 느껴졌다. '재는 이것저것 안 하는 게 없어.' 하는 따가운 눈총이었다. 지원한 모든 분야에 다 합격하는 것도 아니었다. 하지만 상원이는 남들의 시선도, 지원 결과도 신경 쓰지 않고 계속 지원하고 떨어지고를 반복했다. 이렇게 하니 공모전이나 대회, 행사 등에 붙기도 하고, 떨어지기도 하며 이 모든 것이 경험으로 쌓이고 자신만의 노하우가 되었다. 할 일이 많아져서 자연스럽게 자신만의 시간을 관리하게 되고 계획을 능동적으로 짜기 시작했다.

고등학교 3학년 때에는 3년간의 경험을 바탕으로 학교 대표로 호주 퀸즐랜드 대학교에서 주관하는 'Chrysalis Global Youth Challenge'에 참여하는 귀한 기회를 얻어 20개국 학생 대표를 만나는 경험도 할 수 있었다.

한국관광고등학교는 특성화 고등학교라 졸업 후 다양한 방면으로의 가능성이 열려 있었다. 상원이도 졸업 후 취업을 할지, 국내 대학을 갈지, 해외 대학을 선택할지 여러 가지 안을 두고 진로에 대해 고민을 거듭했다.

1학년까지만 해도 국내 대학을 목표로 공부를 했지만, 2학년이 되어서는 취업 준비를 했고, 3학년이 되어서는 하고 싶은 공부를 계속하고 싶어서 국내외 대학교를 찾아보았다. 그때 마침 학교에 호주 브리즈번에 위치한 The University of Queensland가 방문하여 입학설명회를 진행했다. 설명을 듣고 혼자서 더 많은 정보를 찾아본 상원이는 이곳이야말로 자신에게 딱 맞는 대학교라고 확신했다.

그러나 부모님은 반대 입장이셨다. 호주에 대한 정보도 부족할뿐더러 학비도 만만치 않았기 때문이다. 하지만 비용적인 문제 때문에 꿈을 포기하고 싶지 않았다. 목표를 향해 달려가기 위해서 다양한 문화에서 온 사람들을 만나보고, 책이 아닌 몸으로 직접 느껴보고 싶었다. 비용 문제는 자신이 열심히 공부해서 장학금을 받으면 해결할 수 있을 것 같아 부모님을 수없이 설득했다. 결국 부모님께서도 고심 끝에 허락을 하셨다. 그리고 상원이는 세계 속에 한국을 심는 대한민국 외교관을 꿈꾸며 더 넓은 세상 속으로 도전했다.

하늘을 누비는 조종사를 꿈꾸며

경기도 남양주의 한 고등학교에 인문학 강연을 간 적이 있다. 유난히 집중하며 열심히 듣던 '기성'이라는 남학생이 있었다. 강연의 인연으로 기성이와 페이스북 친구도 맺고, 내가 근무하는 청소년 수련관에 나를 만나러 올 정도로 열정을 보여준 친구라 인상 깊었다. 기성이 역시 현재 상원이처럼 좀 더 넓은 세상 속으로의 도전을 앞두고 있었다.

중학교 때 2년간 뉴질랜드로 유학을 떠났던 기성이는 타국에서 다양한 친구들을 만나면서 새로운 경험을 했다. 그러면서 하늘을 자유롭게 누비는 근사한 비행기 조종사가 되고 싶다는 꿈도 꾸었다. 유학 생활을 마치고 다시 한국으로 돌아온 기성이는 한국 고등학교에 진학했다. 그런데 학교에서 선생님이 시키는 대로 공부를 하다 보니, 문득 이런 생각이 들었다.

'과연 내가 꿈이 있기는 한 걸까?'

기성이는 '비행기 조종사'라는 그럴 듯한 꿈을 가지고는 있었으나, 정작 목표를 이루기 위해서는 별다른 노력도 하지 않았음을 깨닫고 심각한 고민에 빠졌다. 어디서부터 시작해야 할지, 정말 이 길을 가는 것이 맞는지 확신이 없어 불안하기만 했다.

그러던 중에 학교에서 열리는 인문학 강의를 듣게 되었고, 강사인 꿈쌤의 한마디가 기성이의 마음에 자리 잡았다.

"사람은 누구나 꿈을 가지고 있고 그 꿈을 이루기 위해 최선을 다하면 그 꿈을 닮아간답니다."

그때부터 기성이는 자신의 꿈을 확실하게 굳히고 그 꿈을 이루기 위해 공부를 하기 시작했다. 일단 최선을 다하면 저절로 꿈에 가까이 갈 수 있지 않을까 하는 기대가 생겼다. 처음엔 열심히 공부해도 성적이 별로 오르지 않아 난관에 봉착하기도 했다. 그럴 때마다 기성이를 격려하고 응원해주시는 부모님이 계셨다.

"기성아, 힘들더라도 꿈만은 잃지 말고 최선을 다해보자."

기성이 역시 자신이 이루고 싶은 꿈이 있었기에 끝까지 버티고 최선을 다했다. 그 결과, 기성이는 미국의 한 주립대 항공운항학과에 진학할 수 있었다.

지금 상원이와 기성이가 선택한 이 길은 한국과는 전혀 다른 환경이고, 그렇기에 남들보다 두 배는 더 힘들 수 있지만, 자신이 선택한 이 길을 전혀 후회하지 않는다. 타지에서 혼자 공부를 하다 보니 자기관리를 더 열심히 하게 되고, 한국에서보다 더욱 계획적으로 살고 있다. 지금 걸어갈 길이 고되고 외롭겠지만, 의지를 가지고 포기하지 않고 자신이 하고자 하는 일을 하면 언젠가는 꼭 이룰 것이라고 굳게 믿고 자신의 꿈을 향해 한 걸음씩 전진하고 있다.

"무엇을 하고 싶은가에 대해 마음속에 확실히 심어두라. 그러고 나서는 옆길로 새지 말고 곧장 전진해 나아가라. 당신이 하고 싶은 위대하고 찬란한 일들에 대해 생각하라. 보이지 않는 과녁은 맞출 수 없으며 이미 존재하지 않는 목표는 볼 수 없다."

전 세계적으로 유명한 성공학의 대가 지그 지글러의 말이다. 이제 여러분은 인생이란 하얀 스케치북 앞에서 막 펜을 들었다. 누군가는 대충 밑그림을 그릴 것이고, 누군가는 정교하고 명확한 밑그림을 그릴 것이다. 어떤 그림이 더 멋지게 완성될까?

인생의 밑그림이란 다른 말로 표현하면 인생의 설계도라 할 수 있다. 지금 여러분이 그린 설계도가 구체적이고 명확할수록 여러분의 미래는 가까운 현실이 될 것이다.

상원이와 기성이의 리얼 한마디

*상원: 청소년기는 자신의 목표를 직접 세우고 앞으로 내 인생의 설계도를 그리는 정말 중요한 시기예요. 남들의 시선을 신경 쓰지 말고, 원하는 것이 있다면 무엇이든지 도전해보세요!

*기성: 꿈도 없이 아무것도 안하는 것보다 꿈이 있는 상태에서 무언가를 하는 것이 조금 더 도움이 될 거예요. 한 번 더 힘을 내서 꿈에 다가가보세요. 주위의 많은 사람이 여러분을 바라보고 응원하고 있다는 걸 잊지 않았으면 좋겠습니다.

현지's story

열 번 찍어 안 넘어가는 꿈은 없다

꿈을 간직하고 있으면 반드시 실현할 때가 온다.
-괴테-

만약 여러분이 대학교 신입생이 되어 처음 오리엔테이션을 갔는데 마음에 드는 이성이 눈에 들어왔다면 어떻게 하겠는가? 이름은 무엇인지, 사는 곳은 어디인지, 어느 학교를 나왔는지, 성격은 어떤지, 관심사가 무엇인지 등 그 이성에 대해 먼저 사전 조사를 시작할 것이다.

사전 조사를 한 후 '딱 내 스타일이다!'라는 확신이 들면 더 이상 망설이지 말고 상대방에게 호감을 표현해야 한다. 서로에 대해 알아가면서 충분한 탐색전에 들어가는 것이다. 이렇게 상대방을 충분히 탐색한 후에야 결실을 맺게 되고 진전이 생긴다.

꿈도 연애와 비슷하다. 내가 관심 있거나 호감 가는 꿈이 생기면 충분히 그 꿈을 탐색해야 한다. 무슨 일을 하는 건지, 어떤 의미가 있는지, 장단점은 무엇인지, 필요한 능력은 무엇인지 등 충분히 그 꿈을 탐색한 후에 '딱 내 스타일이야!'라는 확신이 들면 더 이상 망설이지 말고 그 꿈에 집중하면 된다.

공부벌레, 뮤지컬과 사랑에 빠지다

현지는 중학교 3년 내내 '전교 1등'을 놓치지 않는 공부벌레였다. 지역에서 가장 평판이 좋은 국제 고등학교에 지원해서 당당히 합격해낸 기대주였다. 현지는 고등학교 생활이 너무 기대가 되었다.

'야호! 이제 국제고에 입학하면 영어 실력도 더 늘고, 글로벌한 직장에 들어가 돈도 많이 벌고 성공할 수 있겠지?'

고등학교에 입학할 무렵, 현지에게 뚜렷한 꿈은 없었지만 그렇다고 해서 미래가 두려운 것도 아니었다. 국제고에서도 꾸준히 상위권 성적을 유지하면 뭐라도 잘될 것 같은 자신감이 있었다.

그런데 고등학교 합격 발표 후 일주일도 채 되지 않아서 현지에게 예상치 못한 일이 일어났다. 난생 처음 가슴이 뛰는 꿈을 만난 것이다.

꿈은 우연히 찾아왔다. 그 주인공은 바로 학교에서 틀어준 DVD 뮤지컬 〈캣츠〉였다. 현지는 배우들의 연기와 노래 실력에 넋을 잃고 뮤지컬 공연에 빠져들었다. 그렇게 현지는 처음으로 뮤지컬 배우라는 직업에, 공연이라는 일에 관심을 가지기 시작했다.

"엄마, 저 특목고 합격 선물로 크리스마스에 가족끼리 연극 보러 가면 안 될까요?"

"연극? 어쩐 일로 네가 연극을 보러 가자고 하니? 그래, 보러 가자."

크리스마스 날 저녁, 현지는 난생 처음 대학로에 가서 연극을 직접 보게 되었다. 작은 소극장 무대 앞에서 배우가 관객과 호흡하며 열정적으로 연기하는 그 모습에 저절로 가슴이 두근거렸다.

그날 이후로 공연에 대한 꿈은 점점 커져만 갔다. 현지는 연기도 하고 싶었고, 연극영화과나 뮤지컬학과에도 가고 싶었다. 하지만 지금까지 공부만 열심히 해왔고, 이제 더욱 공부에 집중해야 하는 특목고에 입학했는데, 엄마에게 자신의 꿈을 선뜻 말씀드리기가 망설여졌다.

'내가 이런 꿈을 가지게 된 줄은 전혀 상상도 못하실 텐데…. 실망하시면 어쩌지?'

그렇게 몇 달간 가슴속에서만 끙끙 앓은 현지는 결국 엄마께 이야기를 꺼내기로 결심했다. 마침 학교에서 진로 포트폴리오 및 직업 인터뷰 수행평가를 실시한 때였다. 진지하게 진로에 대해 부모님과 논의할 수 있는 타이밍이었다.

"엄마, 저 사실 꿈이 하나 생겼어요."

"정말? 그것 참 반가운 소리구나! 우리 딸이 하고 싶은 일이 뭘까? 궁금하네."

"저, 사실은…. 무대에서 공연하는 뮤지컬 배우나 연극배우가 되고 싶어요. 엄마가 당연히 놀라시겠지만, 저 정말 하고 싶어요….”

현지는 간신히 용기를 내어 진심을 고백했다. 엄마는 현지의 말을 찬찬히 듣고 이렇게 대답하셨다.

“그런 꿈을 갖고 있는지는 생각도 못했구나. 그래, 꿈을 지닌다는 건 참 좋은 일이야. 하지만 엄마는 현지가 최근에 공연 몇 개를 보고 그냥 바람이 불어서 무작정 하고 싶어 하는 것은 아닐까 걱정이 된단다. 지금 널 믿고 밀어주었다가, 만약 네가 이게 내 길이 아닌 것 같다며 돌아오면 지나간 시간들은 어떻게 할 수가 없잖니?”

엄마는 현지가 스스로 이 직업에 대해 진지하게 생각해보고, 자신의 적성에 잘 맞는지 판단해보고 다시 이야기하길 바라셨다. 한마디로 ‘지금 당장은 안 돼!’라는 뜻이었다. 예상은 했지만 그렇다고 포기할 현지가 아니었다.

‘여기서 이렇게 포기할 수 없어. 그래, 엄마 말씀대로 내가 정말 이 일을 하고 싶은 건지, 내 적성과 맞는지, 내가 정말 좋아하는 일인지 좀 더 탐색해보는 거야.’

현지는 엄마를 설득시키기 위해 지금은 잠시 일보후퇴하기로 했다. 아니, 자신의 꿈과 1년간의 탐색전을 시작하기로 했다.

꿈과 밀당을 시작하다

탐색전의 시작은 공연장 방문이었다. 현지가 다니는 고등학교는 동탄에 위치하고 있는 기숙사 학교여서 주말에도 외출이 쉽지 않았다. 그럼에도 불구하고 현지는 틈틈이 시간을 내어 서울로 연극이나 뮤지컬 공연을 보러 다녔다. 다양한 규모와 장르의 공연을 접하는 동안 현지는 늘 혼자였다. 외롭기도 했지만 그만큼 공연에 대해 깊이 고민하고 생각할 수 있어서 귀한 시간이기도 했다.

때로는 연기와 노래에 너무 감동을 받은 나머지 배우와 스태프실 문 앞에서 하염없이 사람들을 기다리기도 했다. 정신없기 그지없다는 백스테이지도 느끼고 싶었고, 멋진 공연을 보여준 배우들에게 직접 '배우라는 직업은 이런 것이다.'라는 이야기도 듣고 싶었다. 물론 결과는 문전박대였다.

"여기 계시면 안 됩니다."

"저기, 배우 분들 혹시 만날 수 없을까요?"

"지인이세요? 아니면 만나시기 좀 곤란한데요."

비록 배우를 직접 만날 수는 없었지만, 그 모든 과정 자체가 현지에게는 참 달콤한 경험이었다. 혼자 핸드폰 하나 들고 서울 곳곳을 다니며 공연이란 게 무엇인지 느끼고 체험할 수 있었다. 그러다가 문득, 공연을 보는 것과 직접 하는 것과는 하늘과 땅 차이라는 생각이 들었다. 이제 실전에 도전해봐야 배우라는 직업을 조금이나마 이해할 수 있을 것이라 판단한 현지는 다양한 활동을 시도했다.

학교 안에서는 방과 후 학교 수업으로 연극반을 수강하고, 학교 밖에서는 화성시청소년수련관에서 운영하는 청소년 극단에 들어가 활동했다. 또 중앙대학교에서 운영한 연극캠프에도 참여하고 틈틈이 청소년 뮤지컬 오디션도 보러 다녔다. 물론 학업에 지장이 가지 않을 정도로 주말과 방학을 활용했다.

남 앞에 서면 다리가 덜덜 떨렸던 현지는 무대 뒤에서 밖으로 나가기 직전의 그 긴장감과, 공연이 끝나고 관객들 앞에서 인사할 때의 벅찬 감동을 즐기기 시작했다. 알면 알수록 현지의 꿈은 더 매력적이었다. 점점 무대 위가 즐거워졌고, 작은 역할이라도 자신에게 역할이 주어진다는 것에 감사하고 기뻐했다.

배우는 자신의 몸을 '악기'라고 표현하곤 한다. 어느 순간 현지는 자신이 배우가 되기에는 악기가 제대로 갖추어지지 않았음을 깨달았다. 몸도 지식도 제대로 갖추어지지 않았다는 걸 느꼈다. 근력이라고는 존재하지 않는 짧고 통통한 몸매에 평범한 외모였다. 전문 연기학원도 안 다니는 평범한 학생이었으니 연기의 기본조차 알 리가 없었다. 하지만 공부와 병행해야 했기에 따로 전문 학원을 다닌다는 것은 엄두도 나지 않았다.

그러나 현지는 환경에 좌절하지 않고 혼자서라도 자신을 단련시키려 노력했다. 아침 6시에 일어나서 다리를 찢는 스트레칭을 했다. 아침마다

"가, 갸, 거, 겨…." 하며 발성 연습도 했다.

아무도 봐주지 않아서 자신이 지금 잘하고 있는 건지, 자세가 틀리지는 않았는지 전혀 알 길이 없었지만 그래도 반복했다. 꿈을 위해 지금 주어진 상황에서 자신이 할 수 있는 것은 무엇이든지 해야 한다고 생각했기 때문이다.

'나는 꼭 배우가 되고 싶어! 반드시 엄마를 설득하고야 말겠어. 이렇게 열심히 하다보면 엄마도 내 진심을 알고 응원해주실 거야.'

엄마를 설득할 수 있다면 현지는 뭐든지 할 수 있었다.

진심은 반드시 통한다

어느 날, 현지는 학교 선배의 도움으로 우연히 한 연극 연출가 출신 선생님을 만나게 되었다. 연출가 선생님께서는 현지에게 이렇게 조언하셨다.

"현지 학생은 공부를 잘하니까 공부를 해서 연출로 대학을 가고, 거기서 전과를 하는 것은 어떻겠니? 연극영화과는 실기도 어렵고 경쟁률이 무척 높단다."

현지는 이 조언을 귀담아들었다. 그리고 3개월간 연출을 전문적으로 배우게 되었다. 하지만 배우면 배울수록 현지는 이 길은 자신이 진정 원하는 것이 아님을 깨달았다. 현지는 선생님께 용기 내어 자신의 마음을 말씀드렸다.

"선생님, 저는 연출이 아니라 뮤지컬 배우가 되고 싶어요. 힘들다고 전과해서 돌아가기는 싫어요. 전 지금 실기연습을 너무 하고 싶어요."

하지만 선생님의 대답은 냉정했다.

"현지야, 현실은 타고난 사람들에게 주어진단다. 미안하지만 너는 타고나지 않았어."

선생님의 말은 현지의 마음에 비수를 꽂았다. 현지의 눈에 금세 눈물이 맺혔다.

"타고나지 않았다고 저에게 기회조차 없다는 것은 너무 억울해요. 안되더라도 해보고 후회하고 싶어요…."

눈물을 흘리는 현지가 안타까웠는지 선생님은 "그럼 어디 노래나 한번 들어보자."라고 하시며 현지에게 노래를 시켰다. 현지는 엄마와 선생님 앞에서 울면서 자신이 가장 좋아하는 노래인 '거위의 꿈'을 불렀다.

"그래요, 난, 난 꿈이 있어요. 그 꿈을 믿어요. 나를 지켜봐요."

노랫말이 가슴에 깊게 박혔는지 현지는 하염없이 울면서 노래를 불렀다. 진심이 통한 것일까? 가만히 현지의 노래를 듣고 있던 선생님께서 말씀하셨다.

"그래, 너 오늘부터 실기 준비해라! 그 열정이면 잘할 수 있을 거다."

선생님께서는 웃으시며 현지에게 좋은 실기 학원을 소개시켜 주겠다고 약속하셨다. 그 모습을 지켜보시던 엄마 역시 현지를 보며 말씀하셨다.

"엄마가 너의 진심에 두 손 두 발 다 들었다. 그래, 그렇게 하고 싶은 네 꿈 맘껏 도전해봐. 엄마가 응원해줄게."

"엄마, 정말이요? 정말 감사합니다. 저 정말 열심히 할게요!"

마침내 엄마도 현지의 꿈을 믿고 밀어주기로 하셨다. 약 1년간 꿈을 위해 노력한 활동들이 엄마의 마음을 흔들었고, 현지의 '거위의 꿈'이 엄마의 마음에 쐐기를 박은 것이다. 이제 부모님의 반대로 스트레스 받는 일은 사라졌다. 현지의 꿈은 돌처럼 굳어져 명확해졌다. 앞으로 직면할 어려움에도 버틸 수 있는 정신력과 기본기를 얻은 '일석삼조'의 계기가 된 셈이다. 이제 고3 수험생이 된 현지에게는 자신의 꿈을 향해 앞으로 나아가는 일만 남았다.

하고 싶은 일이 있는데 막연하기만 한가? 부모님의 심한 반대에 부딪혀 혹시 꿈을 포기하고 있지는 않은가? 아니면 무얼 하고 싶은지 잘 모르겠는가? 지금 주어진 상황을 탓하며 내 꿈과 점점 멀어져가고 있지는 않은가 생각해보자. 그저 그 상황에서 좌절하고 가만히 있을 것이 아니라, 자신에게 주어진 환경 내에서 할 수 있는 모든 것을 하려고 노력해야 한다.

특히 내 인생을 걸 '꿈'에 대해 막연하게 꿈꾸는 것이 아니라, 자신이 꿈꾸는 일에 대해 구체적으로 알아봐야 한다. 적어도 내가 하고 싶은 일이 구체적으로 무엇이고, 어떤 자격과 능력이 필요한지 말이다. 그리고 자신이 정말 그 일에 적성이 맞고 좋아하는지 탐색전을 벌여보자. 1년간의 탐색전 후에도 내가 선택한 꿈이 변함없다면 이젠 그 꿈을 향해 적극적으로 도전하며 나가면 된다.

열 번 찍어 안 넘어가는 나무 없듯이, 열 번 찍어 안 넘어가는 꿈도 없다. 포기할 때 포기하더라도 최소 열 번은 찍고 난 다음에 생각하자. 지금부터 꿈을 탐색하는 시간은 여러분에게 평생 함께할 멋진 꿈을 선물할 것이다.

현지의 리얼 한마디

하고 싶은 일이 생겼다면, 꿈이 생겼다면, 적극적으로 '탐색전'을 펼치길! 이 꿈이 진짜 하고 싶은 일인지, 또는 구체적으로 이 꿈이 뭘 하는 일인지, 자신에게 주어진 환경 속에서 최대한 알아보는 거지. 그렇게 해서 진정으로 원하는 꿈이 무엇인지 찾고, 부모님도 설득시키고, 힘들 때면 내 과거의 노력들을 추억하며 견뎌내는 일석삼조의 효과를 누리길 바란다!

하경's story

사막에서 길을 잃지 않는 법

계획 없는 목표는 한낱 꿈에 불과하다.
-앙투안 드 생텍쥐페리-

사하라 사막에는 비셀이라는 작은 마을이 있다. 1926년 영국 왕실학회의 회원인 레빈이 그곳에 가기 전까지 비셀마을 주민 중에 사막을 벗어나 바깥세상을 구경한 사람이 아무도 없었다. 그들도 그곳을 벗어나기 위해 많은 시도를 해봤지만, 길을 떠났다가도 며칠 후면 결국 마을로 되돌아오곤 했기 때문이다.

레빈이 그들을 관찰해본 결과 주민들이 사막을 벗어나지 못하는 이유를 발견했다. 사막 외에는 아무것도 보이지 않는 곳에서 자신의 감각에만 의존해 앞으로 나가다보면, 자신도 모르는 사이에 원을 그리면서 빙빙 돌게 되고, 결국 다시 마을로 돌아오게 되는 것이었다.

레빈이 비셀마을의 한 청년을 불러 "낮에는 뜨거우니 쉬고, 서늘한 밤이 되면 북쪽 하늘에서 가장 빛나는 별을 따라가세요. 그러면 사막을 벗어날 수 있을 거예요."라고 당부했다. 청년은 사흘 후 정말로 사막을 벗어날 수 있게 되었다. 그 이유는 간단했다. 단지 '북극성'이라는 방향을 정해준 것뿐이었다.

비셀마을에는 최초로 사막을 벗어난 청년을 위한 기념동상이 세워졌다. 그 동상에는 이런 말이 새겨져 있다.

'새로운 삶은 방향을 선택하는 것에서 시작된다.'

우리는 인생이란 여행길을 걷고 있다. 어떤 사람은 분명한 목적지를 마음에 품고 그곳을 향해 달려간다. 반면에 매일 열심히 걷고 또 걷지만, 제자리만 맴맴 돌고 있는 사람도 있다. 여러분은 어떤가?

성적 앞에 무너지는 꿈

하경이는 고등학교 1학년 때부터 야자도 빼먹지 않고 보충수업도 꼬박꼬박 들으며 공부하는 성실한 학생이었다. 성적도 나쁘지 않았다. 학교에선 사고 한 번 친 적 없는 그런 평범한 아이였다. 고등학교에 입학한 순간부터 '교대'에 가겠다는 확고한 목표도 가지고 있었다.

'3년 뒤엔 당연히 내가 원하는 교대에 진학할 수 있을 거야. 나는 할 수 있다!'

스스로 꿈에 대한 확신이 있었던 하경이는 매일 '나는 초등학교 교사가 되겠다.'라는 문장을 다섯 번씩 쓰며 단단히 뇌리에 새겼고, 쓰고 있는 학용품엔 '이것은 초등학교 이하경 선생님의 것입니다.'라는 문구가 적힌 스티커를 붙이고 다녔다. 하경이는 꿈에 대한 열정이 대단했다. 꿈은 확고했고, 시간만 흐르면 꿈을 이룰 것이라 한껏 기대했다.

무난하게 1~2학년을 마치고 어느덧 하경이도 3학년이 되었다. 누구보다 열심히 해야 할 고3이란 것을 알았기에 가슴은 벅찼고 두 어깨에 책임감도 생겼다. 그런데 고3 첫 모의고사 점수가 나온 날, 담임선생님은 하경이를 교무실로 부르셨다.

"하경아, 이 점수로는 교대에 가기 힘들 것 같구나. 다른 학교를 생각해 보는 건 어떻겠니?"

"네…?"

담담하게 말씀하시는 선생님의 모습에 하경이는 고대했던 꿈이 와르르 무너져 내리는 것 같아 눈물이 났다.

'말도 안 돼. 믿을 수 없어. 그 흔한 방황 한번 하지 않고 꾸준히 그렇게 열심히 공부했는데 교대에 갈 수 없다고?'

절망적이었다. 선생님 눈에 들려고 노력했고 공부도 밤새며 열심히 했는데 내게 돌아오는 것이라곤 "교대는 갈 수 없을 것 같은데."라는 말이라니 허무했다. 한숨만 나오고 밥도 제대로 넘어가지 않았다. 야간자율학습 시간에는 문제집 글씨조차 읽히지 않았다.

교회에 다니던 하경이는 찬양을 듣기도 하고 기도도 해봤지만 절망은 사라지지 않았다. 높은 건물 위에 올라서서 아래쪽을 바라보았다. 아찔한 상상도 했다. 너무나 당연하다고 생각했던 자신의 진로가 한순간에 물거품이 된다고 생각하니 지난 2년간의 노력이 헛된 것 같아 마음이 아팠다. 나의 노력이 고작 모의고사 점수 몇 점 차이로 사라져버렸다는 생각에 억울했다.

절대 포기하지 않을 거야

그날 밤, 야자를 하는데 풀이 죽어 있는 하경이의 어깨를 친구 한 명이 툭툭 쳤다.

"하경아, 왜 이렇게 힘이 없어? 담임선생님이 뭐라고 하셨어?"

"내 성적으로 교대에 갈 수 없대. 그것만 바라보고 달려왔는데 이대로 포기해야 하나 봐. 너무 속상해서 아무것도 손에 안 잡혀."

하경이의 눈에서 금방이라도 눈물이 터질 것 같았다. 그런 하경이를 보며 친구는 잠시 생각에 잠기더니, 포스트잇에 뭔가 메모를 해서 내밀었다. 포스트잇에는 이렇게 적혀 있었다.

'생각하건대 현재의 고난은 장차 우리에게 나타날 영광과 비교할 수 없도다.'

성경에 나오는 한 구절이었다. 그 순간, 하경이는 정신이 번쩍 드는 것 같았다.

'그래, 아직 대학 원서는 넣지도 않았는데 지금부터 실망할 필요 없어. 더 열심히 하라는 하늘의 계시인 것뿐이야. 아직 늦지 않았어.'

하경이는 좌절로 덮여 있는 자신의 마음을 반드시 '교대 합격'이라는 성취감으로 바꾸리라 다짐했다.

그날 이후 하경이는 조금 더 치밀하게 전략을 세우기로 했다. 원서접수를 하고 면접을 대비하기 위해 교무실에 거의 살다시피 했다.

'교대에 보란 듯이 합격하고야 말겠어!'

일부러 선생님들을 찾아가 면접 팁을 얻기도 하고, 예상 질문을 달라고 해서 미리 연습하기도 했다. 포기하지 않고 열심히 준비하는 하경이의 모습에 담임선생님도 다시 기대를 품기 시작했다. 하경이에게 다가온 위기는 오히려 자신의 꿈이 더 간절해지고 목표를 다시 구체적으로 계획할 수 있는 기회가 되었다.

그런 하경이 곁에는 또한 늘 자신을 응원하고 믿어주는 가족이 있었다.

"하경아, 아직 끝난 게 아니고 지금부터 노력해도 전혀 늦지 않았어. 좌절하지 마라! 분명 이루게 될 테니까. 우리는 네 편이란다. 실망하지 마."

가족들은 언제나 하경이를 따뜻하게 다독여주었다.

그리고 마침내 그토록 원하던 교대의 합격 발표 날이 되었다. 하경이는 떨리는 손으로 컴퓨터를 켰다. 그리고 스크린에 떠 있는 단어를 몇 번이고 다시 확인했다. 스크린에는 이렇게 쓰여 있었다.

‘최종 합격.’

가슴이 터질 것 같았다. 그렇게 꿈에만 그리던 ‘부산교육대학교’에 최종 합격한 것이다.

“야호! 엄마, 아빠! 저 최종 합격했어요!”

하경이는 너무 기쁜 나머지 소리를 질렀다. 가족들과 함께 집 안을 방방 뛰어다녔다. 하경이는 너무 행복했다.

하경이에게는 꼭 이루고 싶은 확고한 목표가 있었다. 오로지 그 목표를 향해 최선을 다해 달려갔다. 그 순간만큼은 누구보다 간절했기에 가능했다. 하경이는 그토록 원하던 교대에 들어가 임용고시를 준비했다.

그리고 개정판 출간을 위해 오랜만에 연락을 주고받은 하경이는 마침내 자신의 꿈을 이루고 교단에서 학생들을 가르치고 있었다. 역시! 나는 하경이가 반드시 해낼 거라 믿었다.

꿈을 이루려면 반드시 그에 따른 목표가 있어야 한다. 명확한 목표가 없으면 아무리 많은 노력과 힘을 쏟아도 결국 아무것도 이루지 못하게 된다. 성공하고 싶다면, 꿈을 이루고 싶다면 지금 당장 자신이 도달하고 싶은 목표를 정해보자. 비록 실패를 해서 길을 잃고, 길을 왔다 갔다 하더라도 목적지만 잊지 않는다면 끝내 그곳에 도착할 것이다. 그러니까 꿈을 찾아 부딪치는 과정, 또는 꿈이 흔들리는 상황을 너무 두렵고 무서워하지 않았으면 좋겠다.

아직 늦지 않았다. 좌절을 어떻게 견디고 일어나느냐에 따라 여러분이 맞이할 빛은 다르다. 어두운 그늘을 맞이할 것인가, 아니면 찬란한 햇빛을 맞이할 것인가? 이것만은 분명하다. 뚜렷한 목표가 있다면 좌절 뒤엔 분명 찬란한 햇빛이 기다리고 있다는 사실 말이다.

하경이의 리얼 한마디

정말 자신이 원하는 것에 미쳐 있는 너희들이 되었으면 해. 아마 그 꿈을 이루기 위해 노력하는 과정에서 쓰러지고 좌절하는 순간이 분명 올 거야. 하지만 그 순간에 너무 눌리지 말고 오히려 2~3배 노력하면 꼭 그 꿈을 네 앞에 무릎 꿇게 만들 수 있을 거야!

꿈쌤이 알려주는 '꿈'을 지키는 꿀팁!

어른들은 여러분에게 꿈을 가지라고 말합니다. 왜 그럴까요? 꿈은 나를 움직이는 힘이자, 내 인생의 방향을 결정하는 중요한 나침반이거든요. 꿈을 내 곁에서 지키는 가장 좋은 방법은 내 꿈이 잘 자라고 있는지 세심하게 살펴보면서, 그 꿈에 한 걸음씩 다가가기 위해 작은 실천들을 해보는 것이랍니다.

일상에서 꿈을 만들어갈 것

어떤 꿈을 꿔야 되는지 잘 모르겠다고요? 꿈이 꼭 있어야 되냐고요? 우리는 꿈을 너무 특별하게 바라보는 경향이 있습니다. 꼭 큰 꿈만 꿈인가요? 아닙니다. 꿈은 일상 속에서 만나는 나의 작은 바람과 소망입니다. 친구와 여행하기, 시험 성적 올리기, 부모님께 용돈 많이 받기, 방송댄스 배우기도 꿈 중 하나가 될 수 있습니다. 그런 작은 꿈들이 모여 큰 꿈을 만들기도 합니다. 크고 원대한 꿈을 가지라고 대부분 말하지만 그럴수록 쉽게 포기하고 좌절하고 실망하게 됩니다. 여러분에게 성취할 수 있는 작은 꿈들을 먼저 꾸고 성취해가면서 그 꿈을 키우라고 말해주고 싶어요. 그것이 무엇이든, 내가 '꿈'이라고 부르는 순간부터 특별해지는 것이랍니다.

직업 형태의 '명사형 꿈'이 아닌 '동사형 꿈'을 꿀 것

"여러분의 꿈은 무엇인가요?"라고 질문하면 대부분 대학 진학이나 직업과 같은 '명사형 꿈'을 말하곤 합니다. 하지만 꿈은 고정되어 있는 명사가 아니랍니다. 꿈은 여러분과 함께 자라고 움직이고 변하는 '동사'입니다. 직업은 꿈의 수단은 될 수 있지만 직업 자체가 꿈이 되지 않도록 주의하세요. 여러분들이 살아갈 시대는 단순히 직업 형태의 꿈보다는, 내가 왜 이 꿈을 꾸게 되었는지, 이 꿈을 통해 무엇을 하고 싶은지 등 자신의 포부와 가치가 명확하게 담긴 동사형 꿈을 꾸는 것이 중요합니다. 우리는 동사형 꿈을 통해 세상을 좀 더 살기 좋고 아름다운 곳으로 변화시킬 수 있답니다. 자, 이제 여러분의 꿈을 동사로 표현해보세요.

구체적인 목표를 세우고 시각화할 것

동사형의 꿈을 가졌다면 그 꿈을 이루기 위한 구체적인 목표를 세울 차례예요. 구체적인 목표가 없다면 그 꿈은 막연해지기 마련이니까요. 내가 이루고 싶은 동사형의 꿈을 위해 나의 1년 후, 5년 후, 10년 후에 실천할 구체적인 계획을 세워보세요. 계획을 세웠다면 더 강력한 방법은 그 모습을 시각화하는 거랍니다. 자신의 꿈이 담긴 사진을 찾아 자신만의 '보물지도'를 만들어보세요. 꿈을 시각화하다 보면 더 간절하게 그 꿈을 그리고 갈망하게 된답니다.

꿈을 매일 성실하게 지켜보며 관리할 것

꿈은 씨앗과 같아요. 심고 가만히 놔두면 꿈은 자라지 않고 금세 시들어 죽어버릴지도 모른답니다. 씨앗은 매일 물도 주고, 햇빛도 잘 들게 해주고, 영양분도 틈틈이 공급해주어야 비로소 싹을 틔우고 꽃을 활짝 피우게 되지요. 꿈도 주인의 관심과 사랑을 담아 정성스럽게 돌봐야 조금씩 자라 현실로 피어난답니다. 매일 나의 꿈을 잘 지켜보면서 성실하게 관리해주세요. 아름답게 꽃 피울 여러분의 꿈을 만날 수 있을 거예요.

Special Interview

5년 후 만난 책 속 주인공 이야기 _ 성일

꿈쌤 : 성일아, 안녕! 책이 나오던 5년 전과 5년 후인 지금, 성일이에게는 어떤 변화가 있었니?

성일 : 안녕하세요! 책이 처음 나오던 때엔 대학생이었는데, 이제 어엿한 직장인이 되어 쌤을 찾아뵙게 되었네요. 저는 목표했던 회사에 취업을 해서 마케팅 일을 하고 있어요. 새로운 업무가 힘들기도 하지만, 하고 싶었던 일을 마음껏 하고 있어서 보람차요! 5년 전과 지금의 변화는 나이밖에 없네요. 목표를 이루기 위해 도전하는 모습은 그때 그대로입니다!

꿈쌤 : 성일이는 학생 시절에도 꿈을 향해 일단 도전하고 부딪치는 모습이 인상적이었는데, 그런 경험들이 실제로도 도움이 되고 있니?

성일 : 네, 물론이죠. 학생 시절에 공모전과 봉사 활동 등 다양한 경험을

한 덕분에 지금 회사에서 기획안을 쓸 때도, 마케팅 방향을 잡을 때도 많은 도움이 돼요. 불필요한 경험은 하나도 없었어요. 주어진 업무를 다양한 관점으로 바라볼 수 있게 되거든요.

꿈쌤 : 역시 경험이 중요하구나! 성일이는 앞으로 무엇을 하고 싶어?

성일 : 저는 마케팅을 시장을 움직이는 기술이라고 생각해요. 앞으로 5년 동안 수많은 시장을 움직여보고 싶어요. 그래서 기술력은 있지만 마케팅 역량이 부족해서 시장에서 사라지는 안타까운 케이스들을 막고 도움을 주는 것이 제 꿈이자 목표예요.

꿈쌤 : 성일이처럼 다양한 도전을 해보고 싶은 후배 청소년들에게 한마디!

성일 : 지금 하고 있는 도전, 경험들이 절대로 헛되지 않다는 것을 기억하세요! 다만, 작은 경험일지라도 그때의 깨달음이 휘발되지 않도록 기록하는 습관이 중요해요. 그래야 나중에 다시 떠올려 실전에도 써먹을 수 있으니까요.

Attitude

“내 마음은 이미 정답을 알고 있어”

PART 04

현경's story

처음 실패를 경험한 너에게

긍정적인 태도는 기적의 묘약이다.
-퍼트리샤 닐-

우리에게는 늘 '기회'라는 선물이 기다리고 있다. 그 선물은 좀처럼 눈에 보이지 않다가 어려움이 닥칠 때면 어김없이 배달된다. 하지만 위기가 닥쳤을 때 포기해버리면 결국 그 선물은 다른 사람에게로 넘어가고 만다. 반면, 위기를 잘 넘기면 기회는 내게 단비 같은 선물이 되어 한 단계 더 성장할 수 있는 디딤돌을 제공한다. 기회는 여러 가지 모습으로 누구에게나 오지만, 그 기회를 잡는 것은 오로지 자신의 마음가짐에 달려 있다.

아무리 사소한 순간이나 사건들도 내 마음가짐에 따라 기회로 만들 수 있다. 심지어 실패까지도 말이다. 그리고 그 기회는 나의 인생 전체를 바꿀 만한 영향력을 가지고 있다. 내가 애쓰지 않는다면 그저 스쳐 지나갈 한 사람, 하나의 사건이 은인이 되고, 운명적 경험이 될 수 있다.

처음 맛보는 실패

현경이가 중학생 때의 일이다. 당시 현경이의 유일한 목표는 외국어 고등학교에 진학하는 것이었다. 모든 관심과 계획은 오직 외국어 고등학교 진학에만 집중되어 있었다. 힘이 들 때는 그 학교 교복을 입은 자신의 모습을 상상하며 버텨내곤 했다.

이제 마지막 시험만을 앞두고 '평소처럼만 하자.'라는 자신감에 빠져 있던 현경이는 이번 고비만 넘기면 꿈에 그리던 고등학교 생활을 할 수 있을 것이라는 확신을 가지고 있었다.

하지만 마지막 영어 시험에서 예상치도 못했던 점수를 받고 만 현경이는 이전에는 느낄 수 없었던 어마어마한 좌절감과 불안감에 빠져 허우적대기 시작했다. 당시 현경이의 목표였던 외고 진학을 위해서는 영어 성적이 무척 중요했기에 도무지 좌절감을 떨칠 수가 없었다. 현경이는 외고에 합격하기 위해 무엇을 더 해야 할지, 혹시 떨어진다면 어떻게 해야 할지에 대한 계획이나 목표를 새로 만들어나갈 의지 자체를 버린 채 무기력하게 하루하루를 보냈다. 결국 외고는커녕, 상대적으로 낮은 평가를 받던 고등학교에 진학하게 되었다. 늘 자신감 넘치던 현경이가 처음으로 맛본 실패였다.

원치 않던 고등학교에서의 생활은 무기력했다. 현경이는 삶의 의욕을 찾을 수가 없었다. 충분히 외고에 진학할 수 있을 거라는 자신감이 컸던

만큼 상실감도 컸다. 게다가 자신이 희망했던 학교로 진학한 친구들 앞에 서면 현경이는 더욱더 초라해졌다.

'나는 왜 이 모양일까. 되는 일이 하나도 없어….'

현경이는 그렇게 점점 삶의 목표도, 자신감도 잃어갔다.

실패를 기회로 바꾸다

학기 초 영어 시간, 현경이의 생활 전체를 바꿔 놓은 사건이 일어났다. 선생님께서 학생들에게 영어로 자기소개를 써오는 과제를 내주셨다. 그때만 해도 이 과제가 자신에게 큰 변화를 줄 것이라고 현경이는 결코 생각하지 못했다. 처음에는 그저 숙제를 끝낸다는 마음으로 연필을 잡았다. 하지만 막상 단어 하나하나를 고민하고 써 내려가는 동안, 나 자신에 대해 진지하게 생각해볼 수 있었다. 나의 가족, 내가 좋아하는 것, 나의 가치관, 내가 꿈꾸는 미래…. 여러 가지를 고민하고 생각하며 과제를 마무리한 현경이는 영어로 쓴 자기소개서를 다시 한 번 읽어보았다.

'뭐야, 나 생각보다 괜찮은 사람이잖아? 그래, 나한테는 가지고 있는 능력이 아주 많아!'

자기소개서 속 현경이는 우울하고 자신감 없는 아이가 아니었다. 장점도 매력도 아주 많은 소녀였다. 현경이가 지니고 있던 것들은 생각보다 무척이나 소중하고 가치 있는 것들이었다. 그것만으로도 자신은 앞으로 더 행복한 삶을 추구할 자격이 있는 사람이라는 걸 새삼 느꼈다.

이튿날, 과제를 제출한 후 선생님께서 현경이를 교무실로 부르시더니 현경이의 과제를 다시 한 번 보시며 이렇게 물어보셨다.

"현경아, 이 과제 너 혼자 한 거 맞니? 자기소개 과제를 이렇게 열심히 해온 아이는 처음이야. 선생님이 아주 감동했어. 기특하구나!"

선생님께서는 제출한 과제를 잘 읽어보셨다며 영어 실력뿐만 아니라 이렇게 고심하여 과제를 해왔다는 것에 칭찬을 해주셨다.

현경이는 가슴이 벅차올랐다. 그 칭찬은 현경이가 중학교 때부터 가지고 있던 외국어 공부에 대한 열정과 흥미, 나 자신에 대한 자신감과 희망을 한꺼번에 상기시켜 주었다.

그날 이후, 현경이는 마음가짐이 완전히 달라졌다. 자신의 모습을 끊임없이 기대하고 변화시키려 노력했다. 무언가에 좌절해도 더 나은 기회와 가능성들을 만들려고 도전했다. 그 결과, 비록 정도가 미약할지라도 하루하루 성장해가는 자신을 발견할 수 있었다.

그리고 5년 전 이 책이 처음 출간되었을 무렵 경희대학교 프랑스어학과에 재학 중이던 현경이는 현재 자신이 원하던 주한 유럽 상공회의소에서 일하면서 더 넓은 세상에서의 활약을 꿈꾸고 있다. 눈 코 뜰 새 없이 바쁜 생활을 보내고 있지만 현경이는 지금 이 시기가 가장 행복하고 1분 1초가 소중하다고 말한다. 현경이가 지금 느끼는 행복이란 어른들이 흔히 말하는 '대학 가면 할 수 있는 것들'을 하며 느끼는 행복감이나 자유를 말하는 것이 아니다. '인생'이라는 하얀 캔버스에 '나'라는 그림을 자유롭게 완성시켜 나가는 기쁨! 이 부분은 어떤 색으로 칠할지, 어떻게 칠할지 고민해 나가면서 그림이 예쁘게 물드는 것을 지켜보는 기쁨! 그렇게 현경이는 기뻐하며 자신의 인생을 향해 힘차게 나아가고 있다.

"할 수 있다고 생각하면 할 수 있고, 할 수 없다고 생각하면 할 수 없다."

미국 자동차 회사 포드의 창설자인 헨리 포드가 한 말이다. 모든 일은 마음먹기에 달려 있다. 마음에 따라 할 수 있는 것과 할 수 없는 것, 성공과 실패가 결정되기도 한다. 하지만 막상 마음먹기는 쉽지 않다. 마음먹기는 누가 대신 해줄 수 있는 일이 아니라 내 '선택'에 달려 있기 때문이다.

지금 여러분 앞에 '할 수 있다.'와 '할 수 없다.' 두 가지 길이 있다. 여러분은 어느 쪽을 선택하겠는가? '기회'는 바로 지금뿐이다. 잡아라!

현경이의 리얼 한마디

모든 사람과 경험을 소중하게 여기고 적극적으로 대한다면, 훗날 과거의 순간들을 돌이켜 보았을 때 후회 없이 회상하며 감사할 수 있을 거예요. 나를 만난 누군가가 나로 인해 긍정적인 변화를 겪고, 이 일이 반복된다면 분명 그 삶이 뜻 깊다고 말할 수 있을 거라 확신합니다.

영하's story

나는 너무 평범해

현실은 바꿀 수 없다.
그러나 현실을 보는 눈은 바꿀 수 있다.
-카잔차키스-

일본인들이 관상어로 즐겨 기른다는 '코이'라는 잉어가 있다. 이 잉어는 작은 어항에 넣어두면 5~8cm 정도밖에 자라지 않는다. 그러나 큰 수족관에 넣어 두면 20cm까지도 자랄 수 있는데, 더 놀라운 사실은 강물에 방류하면 약 1m까지 자랄 수도 있다고 한다. 강물에 사는 잉어처럼 더 성장할 수 있는데도 작은 어항에 머물면 성장을 멈추어버리는 것이다. 코이는 자기가 숨 쉬고 활동하는 세계의 크기에 따라 피라미가 될 수도 있고 대어가 될 수도 있다. 스스로 한계만 정하지 않으면 말이다.

어떤가, 마치 여러분의 모습과 비슷하지 않은가? 여러분은 아직 내 안에 숨어 있는 무궁무진한 잠재력과 가능성이 어느 정도인지 알지 못한다. 그렇기에 내가 한계를 정하지 않으면 어느 누구도 내 꿈 앞에 한계를 정할 수 없다. 그래서 지금이 기회다.

한계에 도전하다

단발머리에 큰 알의 안경을 쓴 영하의 이미지는 평범 그 자체였다. 영하는 말도 없고 조용한, 전형적인 모범생의 모습이다. 그래서 어렸을 때부터 주변 사람들은 영하를 공부도 잘하고 예의도 바르고 착한 아이라고 여겼다.

"영하는 공부를 참 잘하게 생겼구나."

"영하야, 넌 정말 착한 것 같아. 말썽도 안 부리고 부모님 말씀도 잘 듣겠다."

하지만 영하는 이런 편견이 싫었다. 한마디로 '못생겼으니 공부라도 잘하거나 착하기라도 하겠지.'라는 식으로 들렸기 때문이다.

사실 영하는 어릴 적부터 책 읽는 것도 싫어했고, 피아노 학원도 다니기 싫어 엄마 몰래 땡땡이를 치던 아이였다. 공부도 잘하지 못했다. 사람들이 생각하는 모범생과는 거리가 멀었다. 어쩌면 사람들의 편견에 반항하고 싶었는지도 모르겠다.

이런 영하를 지켜보는 엄마의 잔소리는 점점 심해졌다.

"영하야, 도저히 이대로는 안 되겠다. 엄마가 학원 등록했으니까 학원이라도 다녀서 부족한 과목 보충 좀 하렴."

그렇게 영하는 자신의 의지와 상관없이 초등학교 5학년 때부터 수학학원을 다니게 되었다.

'휴, 엄마는 왜 엄마 마음대로 학원을 등록하시는 거야? 학원 좀 다닌다

고 공부 못하는 내가 성적이 오르긴 할까? 더 이상 성적이 떨어지지만 않으면 좋겠다….'

영하는 아무런 기대도 없이 무의미하게 학원에 다녔다.

그런데 어느 순간부터인가 영하의 성적이 오르기 시작했다. 문제집을 풀면 전혀 몰라서 찍기만 하던 영하의 문제집에 어느새 동그라미가 늘어나고 있었다. 기초가 부족했던 영하가 자신의 취약점을 보충해나가자 조금씩 실력이 향상되고 있었던 것이다.

'어라, 이것 좀 봐. 이젠 틀린 것보다 맞히는 게 더 많은데? 신기하다!'

실력이 향상되고 성적이 오르자 영하는 기분 좋은 욕심이 생겼다.

'그래, 진짜로 열심히 한번 해서 본때를 보여주겠어!'

영하는 그동안 스스로를 옭아매고 있던 한계를 넘어서 자신을 시험해보고 싶었다. 그래서 정말 나름대로 열심히 공부하기 시작했다. 틈이 날 때마다 영어단어를 외우고 부족한 과목은 학원에서 보충하며 공부했다. 억지로 학원을 다녔을 때는 효과가 없더니 자신의 의지대로 공부를 시작하니 성적이 눈에 띄게 오르기 시작했다. 처음엔 '중상위권 안에만 들자.'라고 생각했는데, 중상위권에 들고 나니 더 높이 오르고 싶어졌다. 영하는 점점 자신의 한계를 조금씩 높게 잡았다. '이번엔 5등 안에 들어볼까? 까짓것 1등까지 한번 잡아보지!'라며 자신의 꿈의 크기를 높여간 것이다.

그러자 영하에게 드라마틱한 일이 일어났다. 고등학교에 입학한 이후 처음으로 반에서 1등을 한 것이다. 원래 공부를 잘하던 아이가 아니었기에 주변에서 영하에게 공부 비결을 물었다.

"영하야, 어떻게 그렇게 성적이 올랐어? 학원 다녀서 그런 거야? 비법 좀 알려줘."

"물론 학원의 도움을 받긴 했어. 하지만 중요한 건 내가 포기하지 않았다는 거야. 바로 앞의 결과만 보고 포기하지 마. 일단 시작한 뒤에 포기하지 않았더니 자연스럽게 이런 결과가 나온 것 같아."

스스로 한계를 정하지 않고 무작정 도전한 자신의 모습이 영하는 무척 자랑스러웠다. 덕분에 더 큰 욕심이 생겼고 자신이 왜 공부를 해야 하는지 스스로 깨달을 수 있었다.

절대 포기하지 마

영하가 스스로 자신의 한계를 정하고 포기했다면 성적도, 자신감도 높아질 수 없었을 것이다. 여러분 중에서도 '공부는 왜 해야 하지?'라는 생각으로 맹목적으로 공부하는 친구들이 많이 있을 것이다. 영하도 그랬다. 하지만 스스로 포기하지 않고 일단 시작했다. 그 결과가 무엇이 되든지 후회하지 않았다.

'내가 공부해서 뭐해? 어차피 못하는데. 나는 할 줄 아는 게 없어.'

이런 마음은 내 한계에서 던져버리자. 그리고 이루고자 하는 것에 도전해보자. 도전해서 그 결과가 어떻게 나오든 한번 뛰어들어 봤다는 과정 자체가 스스로 자랑스러울 것이다.

1941년 영국의 해로스쿨을 방문한 처칠은 이렇게 말했다.

"절대로 포기하지 마라. 큰일이든 작은 일이든, 아무리 중요하거나 아무리 하찮은 일이라도 절대로 포기하지 마라. 명예롭거나 현명한 판단이 아니라면 절대로 포기하지 마라. 상대의 힘에 눌려 포기하지 마라. 상대가 아무리 압도적으로 우세한 힘을 가졌더라도 절대로 포기하지 마라."

처칠이 절대로 포기하지 말라고 강조한 것은 힘들고 어려운 상황에 처했을 때 우리가 가장 쉽게 선택할 수 있는 것이 포기이기 때문이다. 이것이 바로 평범한 사람과 비범한 사람을 구분 짓는 갈림길이다.

어쩌면 나는 스스로 생각하는 것 이상으로 더 많은 잠재력과 가능성을 갖고 있을지 모른다. 그러니 섣불리 나를 이 정도의 사람이라며 단정 짓고 쉽게 포기하지 말자. 저 모퉁이만 돌면 그토록 꿈꾸던 희망이 여러분을 기다리고 있을지 모른다.

영하의 리얼 한마디

해보지도 않고 포기하는 건 정말 멍청한 일이야. 나처럼 그냥 시작해 봐. 단, 포기하지 않기! 쉽게 놓아버리면 나중에 후회해도 돌이킬 수 없는 거 알지? 해보지도 않고 단정 짓지 마, 욕심을 가지고 노력하면 결과는 절대로 널 배신하지 않을 거야!

서은's story

원하는 것을 얻으려면

꿈은 머리로 생각하는 게 아니라 가슴으로 느끼고,
손으로 적고, 발로 실천하는 것이다.
-존 고다드-

"자네가 무언가를 간절히 원할 때 온 우주는 자네의 소망이 실현되도록 도와준다네."

파울로 코엘료의 《연금술사》에 나오는 문장이다. 처음 이 책을 읽었을 때 나는 정말로 궁금했다.

'정말 그럴까? 무언가 간절히 원하면 온 우주가 실현되도록 도와줄까?'

방황하던 청소년기의 나에게는 무언가에 대한 간절함이 없었다. 그저 시간이 저절로 흐르며 자연스럽게 어른이 되기만을 바랐다.

하지만 막상 내가 하고 싶은 일을 꼭 이루겠다는 강한 의지가 생기자 나에게는 변화가 생겼다. 의지가 강해지면 강해질수록 내 꿈과 더 가까워졌다. 반면에 의지가 약해지면 약해질수록 점점 꿈과 멀어져갔다.

무언가 간절히 원할 때 온 우주가 도와준다는 법칙에는 중요한 전제가 깔려 있었다. 바로 간절히 원하는 목표를 향한 강한 의지가 있을 때, 비로소 이 법칙은 실현된다는 것이다.

내 사전에 포기란 없다

서은이가 초등학교 4학년 때, 태권도 2품 국기원 심사를 한 달 앞둔 어느 날이었다.

"아얏!"

"서은아, 무슨 일이야? 많이 아프니?"

집에서 발차기 연습을 하다가 그만 러닝머신에 부딪힌 것이다. 가벼운 상처가 아니었다. 병원에서 검사를 해보니 발가락이 부러지고 발목까지 깁스를 해야 했다. 서은이는 발이 아픈 것보다 1년 이상 연습한 2품 도전에 못 나갈까 봐, 6학년 3품 달성 목표가 좌절될까 봐 너무 걱정이 되었다.

부모님께서는 의사선생님의 진단 내용을 알려주시며 이렇게 말씀하셨다.

"서은아, 아무래도 이번 국기원 심사 참가는 힘들 것 같다. 안타깝지만 이 상태로는 도저히 심사가 불가능할 것 같구나."

서은이는 부모님의 말씀에 망연자실해 일주일 동안 절망스러운 나날을 보냈다. 하지만 시간이 지나도 도저히 포기가 되지 않았고, 오히려 오기가 생겼다.

'이대로 여기서 포기할 순 없어. 무슨 방법이 있을 거야.'

서은이는 부모님을 계속 졸랐다. 그리고 끈질긴 설득 끝에 "그래, 내가 졌다. 관장님께서 허락하시면 대련을 해도 좋다."라는 승낙을 얻게 되었다.

좋아한 것도 잠시, 관장님께 말씀드리자 관장님께서는 국기원 측에서 대련을 반대할 거라고 하셨다. 서은이는 또 며칠간 관장님을 졸라 방법을 찾아 달라고 부탁드렸다. 결국 관장님도 서은이의 끈질긴 설득에 넘어갔다. 관장님께서 국기원에 정식 공문을 보내주신 것이다.

하지만 산 너머 산이었다. 국기원에서는 다리를 다친 상태로는 방법을 찾기 어렵다고 답하였다. 겨우 부모님과 관장님을 설득했는데 여기서 모든 노력이 무너지는 것 같아 서은이는 속이 상했다.

걱정하시는 부모님과 자신을 위해 애쓰시는 관장님의 모습이 떠올랐다. 자신 때문에 모두를 너무 힘들게 하는 것 같아 미안한 마음이 들었다. 깁스를 한 환자가 2품 심사를 따는 건 불가능한 일이라는 생각이 들기 시작하자 포기할까 고민하기도 했다. 하지만 서은이에게는 중학교 입학 전까지 3품을 따겠다는 목표가 있었다. 흔들리는 마음을 다잡고 관장님께 다시 말씀드렸다.

"관장님, 저 꼭 하고 싶어요. 진짜 열심히 연습했는데 이렇게 포기하면 정말 속상할 것 같아요. 정말 방법이 없을까요? 최대한 빨리 회복할 수 있도록 노력할게요."

서은이는 다시 한 번 관장님을 설득하고 간청했다. 결국 관장님께서 국기원에 서은이의 간곡한 희망을 다시 공문으로 보내어 전달했다.

그리고 얼마 후, 서은이의 간절한 바람이 마침내 이루어졌다. 국기원 최초로 상호 안전상 약속대련 형식으로 대련이 허가된 것이다. 서은이는 너무나 기뻤다. 꿈에 그리던 국기원에서 2품 품새, 대련에 참여하게 된 것이다.

꾸준히 훈련을 하고, 빨리 회복할 수 있도록 열심히 치료도 받은 서은이는 결국 2품에 합격할 수 있었다. 서은이가 장기적인 설득과 대화를 통해 이룬 최초의 사건이었다.

어린 나이였지만 서은이는 이 일을 통해 중요한 사실을 깨달았다. 간절히 원하는 일이 있다면 포기하지 않고 목표를 향해 강한 의지를 가지면 이루어질 수 있다는 것을 말이다.

난 뭐든지 할 수 있어

서은이는 학년이 올라갈수록 스스로 목표를 향해 적극적으로 도전해나갔다. 목표에 대한 서은이의 열정은 정말 대단했다.

중학교 때 TOEFL 및 영재 판별 테스트, 독해, essay 등 3차에 걸친 도전으로 영어 영재반에 뽑혔다. 영재반에서 영어 토론을 한 것을 계기로 마음이 맞는 친구들과 'APEX'라는 영어 토론 동아리를 만들어 주말마다 모임을 가졌다.

"엇, 영어 토론 대회가 있네? 얘들아, 우리 여기에 나가보지 않을래?"

서은이는 같은 반 친구들끼리만 모임을 가지기보다 다른 동아리의 수준과 환경을 알기 위해 토론 대회에도 참가했다. 실력이 뛰어난 팀들을 만나게 되면서 서은이는 스스로의 배경지식이 얕다는 것을 알게 되었다. 이를 계기로 책과 신문을 읽을 때 한 단어 한 단어에 집중해 책을 읽기 시작했다. 그러자 배경지식도 많이 늘게 되었고, 정독하는 습관도 기르게 되었다.

그 결과, 전국 규모 신문사 토론 대회, 유명 대학의 essay 대회, IET 대회에서 상위 실적으로 홈페이지에 올라가는 영광을 얻었다. 이러한 노력으로 영어 영재반 최우수 학생으로 선정되어 전교생 앞에서 표창장을 받기도 했다.

이 뿐만이 아니다. 서은이는 평소 건축에 대한 호기심이 많았다. 그래서 건축 양식 탐구, 건축 자재전, 친환경 한일 교류 등 다양한 포트폴리오를 만들었다. 자신이 살고 있는 지역인 분당동 유명 건축가들의 단독주택을 탐구하고, 촬영, 설계분석, 투시도 그리기, 전문가 조언, 포트폴리오 작성 등 다양한 활동을 스스로 해나갔다. 심지어 가족여행을 가자는 부모님의 제안까지 만류하고서 서은이는 건축 책들을 찾아 기법, 분석관점을 공부하며 포트폴리오로 정리했다.

그렇게 완성된 50여 쪽에 이르는 서은이의 세 번째 건축창작물은 교내 창의적 체험활동 최우수로 뽑혔다. 전교생 앞에서 PPT로 발표를 했고, 부모님과 선생님의 큰 칭찬을 받았다. 그동안 받았던 어떤 상보다 기뻤다. 스스로 해낸 성과이기 때문이다. 예비 건축가로 인정받은 것 같아 보람되고 자부심이 생겼다. 서은이는 더 신나서 4차, 5차 건축 탐구를 계획했다.

서은이 늘 자만하지 않고, 자신이 부족하다는 걸 느끼면 더 열심히 배우려고 노력하는 자세를 잃지 않았다. 무슨 일을 하든 자신이 하고자 하는 일이 있다면 포기란 없었다. 누가 시키지 않아도 스스로 자신의 목표를 향해 일단 도전하고 시도했다. 서은이의 목표를 향한 간절한 의지는 불가능을 현실로 만들어주는 원동력이 되었다.

소통전문가 김창옥 교수는 인생에 3단계가 있다고 말했다. 1단계는 열정기, 2단계는 권태기, 3단계는 성숙기. 인생을 살면서 사랑, 일, 공부 등 모든 것에는 이 3단계가 적용된다.

지금 여러분의 상황에도 이 3단계를 적용할 수 있을 것이다. 초등학교 시절에는 꿈도 많고 자신감으로 충만했던 자신이 중학교, 고등학교에 가면서 성적으로 평가되는 현실 속에 한없이 작아지고 초라해지곤 한다. 결국 모든 것이 다 귀찮고, 하기 싫고, 방황하게 되는 권태기가 다가온다. 어쩌면 지금 여러분은 인생의 권태기를 보내고 있는지도 모른다. 하지만 이 권태기를 잘 극복하면 우울기로 빠지지 않고 성숙기로 접어들 수 있다.

이 책 역시 세상에 빛을 보기까지 3단계가 적용되었다. 처음 책을 쓰겠다고 결심했을 당시, 내게는 열정과 자신감이 충만했다. 하지만 어린 두 아이를 키우면서 책을 쓴다는 것은 결코 쉽지 않았다. 글이 잘 써지지 않을 때는 '내 주제에 무슨 책이야, 나는 글재주가 없나 봐…' 하는 생각에 자신감도 떨어지고 권태기가 왔다. 그러나 너무 간절했던 꿈이기에 쉽게 포기할 수 없었다. 이 책을 읽을 청소년들의 모습을 상상하며 아이들이 잠든 새벽마다 틈틈이 원고를 써 내려갔다. 그렇게 권태기를 극복하고 성숙기에 접어든 채로 1년이라는 시간이 흐르자, 마침내 간절하게 바라던 꿈이 이루어졌다. 이 책을 반드시 쓰고 말겠다는 간절한 마음과 의지 덕분에 지금 이렇게 책을 통해 여러분을 만나고 있다.

현재 여러분들이 겪고 있는 시련이나 슬럼프 역시 다음 단계인 성숙기로 넘어가는 하나의 과정일 뿐이다. 이 순간을 극복하겠다는 의지를 가진다면 여러분은 무엇이든 해낼 수 있다. 나 자신을 한번 믿어보자.

서은이의 리얼 한마디

마음속으로 간절히 원하는 일이 있나요? 그렇다면 일단 도전하세요. 실패해도 절대 포기하지 마세요. 무슨 일이든 포기하지 않고 시도하면 불가능이란 없답니다!

경현's story

덤벼라, 나의 영원한 라이벌!

나만이 내 인생을 바꿀 수 있다.
아무도 날 대신해줄 수 없다.
-캐롤 버넷-

몇 년 전, 한국 청소년들의 더불어 사는 능력 즉 '공동체 의식'이 주요 35개국 중 꼴찌라는 한국정책연구원의 결과를 본 적이 있다. 한국 청소년들은 다른 나라 청소년과 비교해 지적 능력은 뛰어나지만 공동체 안에서 상대와 협조하거나 동료와 조화롭게 지내는 능력은 크게 떨어진다는 것이다.

교육 전문가들은 그 이유를 하나같이 '경쟁 위주의 입시교육' 때문이라고 말한다. 경쟁 지향적인 사회 분위기 속에서 누군가를 칭찬하고 인정하기보다는, 경쟁 상대로 여기고 남들보다 뛰어나야 한다는 사회풍토와 시스템이 이런 결과를 만들어낸 것이다.

친구 vs 라이벌

경현이의 청소년 시절 가장 큰 고민 역시 친구들과의 '경쟁 의식'이었다. 수능이라는 같은 목표를 가지고 고등학교에 입학한 친구들과 함께 공부를 하다 보니, 때때로 친구들과 나의 점수를 비교하곤 했다. 그럴 때마다 '나는 왜 성적이 오르지 않지?', '나는 뭐가 문제인 걸까?'라는 질문을 스스로에게 많이 던졌다. 친구들과 자신을 비교하면서 '선의의 경쟁자'로 여기고 동기부여를 받을 수도 있었지만, 경현이는 그런 성향이 아니었다.

경현이는 친구들과의 경쟁이 너무 싫었다. 평소에는 같이 웃으면서 행복해하던 친구들을 '이겨야 한다.'라는 생각은 경현이를 숨 막히게 했다. 서로 점수를 비교하고 그 속에서 서로를 판단하는 것만 같았다. 또 그 판단에 자기 자신이 못 미치는 것도 엄청난 스트레스였다. 그래서 경현이는 공부를 할 때도 누군가와 자신을 비교하기보다는 자기 스스로에게 더 초점을 두고 공부하려고 노력했다.

하지만 그 스트레스를 피할 수 없는 일이 있었다. 고3 수험생 시절의 일이다. 수능을 출제하는 평가원에서 주관하는 6월 모의고사, 경현이는 너무 긴장을 한 나머지 평소보다 훨씬 낮은 점수를 받게 되었다. 가장 자신 있던 국어영역에서 상상도 못 하던 최악의 점수를 받게 되었을 때의 그 기분은 말로 표현할 수 없이 우울했다.

시험이 끝나고 친구들끼리 서로 점수를 묻고 답하는 과정에서, 평소에 자신보다 성적이 낮았던 친구들보다 자신이 더 낮은 점수를 받았다는 사실을 알게 되었다. 경현이에게는 시험이 무척 어려웠다. 그런데 다른 친구들한테는 보통 난이도의 시험이었다고 생각하니, 자기도 모르게 나 자신에게 실망하게 되었다.

무엇보다도 다시 성적을 올려야 한다는 생각에 나보다 성적이 잘 나온 친구들을 경쟁상대로 삼게 되었다. 매 순간 친구들과 자신의 성적을 비교하며 공부를 하기 시작했다.

기준이 내가 아닌 남이 되자 '쟤보다 더 열심히 해야 돼.', '쟤도 하니깐 나도 해야지.' 하는 생각들이 꼬리에 꼬리를 물었다. 너무 피곤하고 지치는 날에도 스스로에게 채찍질을 하며 억지로 버텼다. 하지만 한계가 있었다. 너무 무리를 한 경현이는 금세 지치고 말았다.

친구들과의 관계에 있어서도 마찬가지였다. 겉으로는 친해 보여도 속으로는 친구들을 이겨야 한다는 경쟁심으로 자신도 모르게 가식적인 모습을 드러냈다. 기대에 미치지 못하는 자신을 보며 실망하고 속상해하다 보니 경현이는 자신감조차 낮아졌다. 혼자 문제를 푸는 순간에조차 틀릴까 봐 걱정부터 하고, 채점하기가 두렵기까지 했다.

나와의 착한 경쟁을 하자

도저히 이렇게 살 수는 없었다. 경현이는 마음을 다잡고 생각을 바꿔보기로 했다. 친구들을 '이겨야 하는 대상'이라고 생각하기보다는 '같은 목표를 향해 나아가는 든든한 동반자'라고 생각하기로 했다. 함께 공부하면서 서로에게 힘이 되어주고, 지쳤을 때 서로 위로해주는 친구 말이다. 혼자만의 생각으로 끝나지 않도록 경현이는 자신이 먼저 지친 친구들을 위로해주고 도와주며 행동으로 옮겼다. 그러자 친구들 역시 경현이를 경쟁 상대로 보기보다는 같이 공부하는 친구로 생각해주었고, 그것을 계기로 친구관계가 더 돈독해졌다.

이제 경현이의 라이벌은 '나 자신'이 되었다. 지금도 경현이는 자신이 하고자 하는 일이 있거나 공부를 할 때 주위를 의식하는 것이 아니라 자신과의 경쟁을 한다.

'나 자신을 이기면 무엇이든지 할 수 있을 거야.'

홀로 살아가지 않는 이상 이 시대를 살아가는 우리에게 경쟁은 피할 수 없는 과제다. 무작정 그것을 거부하고 싫다고 하기보다는 자신만의 기준으로 경쟁을 어떻게 바라볼 것인지 고민하는 자세가 필요하다. 그렇다면 경쟁의 대상을 남이 아닌 나 자신으로 바꿔보면 어떨까? 서로에게 상처를 주며 남을 이기기 위한 경쟁이 아니라, 보다 나은 내일의 나를 위한, 어제의 나와 경쟁을 하라는 말이다.

《착한 경쟁》의 저자 전옥표는 남들과 내가 함께 성장하고 따뜻한 공동체의 구성원이 되는 것이야말로 '착한 경쟁'이라고 말한다. 결국 이것은 나 자신과의 싸움을 뜻한다. 남을 이기면 일등이 되지만, 자신을 이기면 일류가 된다. 하지만 언제나 이길 수는 없다. 실패를 받아들여라. 그 실패에서 배울 수 있는 용기를 갖는다면 나와의 경쟁에서 실패란 없을 것이다.

다른 사람을 밟고 일어서야만 이길 수 있는 나쁜 경쟁에서 벗어나, 함께 성장하고 모두가 인생의 승자가 될 수 있는 착한 경쟁을 하자. 나의 영원한 라이벌은 자기 자신뿐이다.

경현이의 리얼 한마디

자신의 목표가 친구를 이기는 것이라고 생각한다면 힘들어질 때가 더 많습니다. 스스로 경쟁 구도를 만들면 공부를 열심히 하는 원동력이 될 수도 있지만, 저처럼 끊임없이 남과 나를 비교하다 보면 스스로를 지치게 만들 수도 있답니다. 그저 친구와 함께 나아간다고 생각하고 자신의 성장에 초점을 맞춘다면 경쟁 의식 속에서 받는 스트레스를 줄일 수 있다고 생각합니다.

유채's story

행복을 선택할래

행복은 마음먹기에 달려 있다.
-에이브러햄 링컨-

누군가 나에게 왜 사냐고 묻는다면 나는 자신 있게 말할 수 있다.

"매일 매일 행복하기 위해 삽니다."

하루하루를 열심히 살아가는 것도, 성공을 꿈꾸는 것도, 꿈을 이루기 위해 노력하는 이유도 근본적으로 행복해지기 위해서다. 우리는 누구나 행복할 권리가 있다. 행복은 삶의 최고 가치이자 모든 사람의 소망이기도 하다. 그럼 이렇게 묻겠다.

"지금 이 순간, 여러분은 행복한가요?"

한국 방정환 재단과 연세대 사회발전 연구소가 공동 조사한 '한국 어린이·청소년 행복지수 국제 비교연구' 결과에 의하면 우리나라 어린이·청소년의 주관적 행복지수는 OECD 국가 중 최하위 순위를 종종 기록한다고 한다. 청소년들의 대다수가 '지금 나는 행복하지 않다.'라고 느끼고 있다는 뜻이다. 우리나라 청소년들은 왜 자신의 삶이 행복하지 않다고 느낄까?

행복을 맘껏 누리고 느껴야 할 우리 십대들은 입시체제의 교육 현실 속에서 성적의 노예가 되어, 경쟁 속에서 초조함과 불안함을 느끼며 살아가고 있다. 그들에게는 행복을 느낄 삶의 여유조차 없다. 하지만 이런 이유로 오직 지금 이 때에만 누릴 수 있는 그 행복을 놓치기에는 너무 억울하지 않은가?

나는 언제 행복하지?

유채를 처음 만났을 당시, 유채는 중학교 2학년 사춘기 소녀였다. 동네 특성상 대부분 학생들은 같은 초등학교, 중학교, 비슷한 고등학교를 다녔다. 하지만 유채는 집안 사정상 다른 동네의 중학교로 입학을 하게 되었다. 친구들과 떨어져 중학교를 오게 된 유채는 사춘기와 겹쳐 학교에 적응을 하지 못하고 겉도는 학생이 되고 말았다.

'왜 나 혼자 이 학교에 오게 된 거야? 왜 나만 친구들과 떨어져 지내야 하는 거지?'

유채는 우울하고 슬픈 생각으로 학교를 다녔다. 그러다 보니 당연히 같은 반 친구들과 잘 어울리지 못했다. 점점 말도 없어지고, 결국 혼자 다니는 학생이 되어버렸다. 1년 반 동안 혼자 다니며 반에서 있는지 없는지 모르는 조용한 학생으로 지냈다. 게다가 공부는 너무 하기 싫었다.

유채는 자신이 너무 불행한 것처럼 느껴졌다. 주위 친구들을 보면 친구들도 잘 사귀고, 공부도 잘하고, 얼굴도 예쁜데 자신만 이렇게 뒤처지는 것 같아 언제나 우울했다.

그러던 어느 날, 집 근처에 '청소년 수련관'이라는 건물이 생겼다. 많은 청소년들은 청소년 수련관이 무엇을 하는 곳인지, 왜 있는지 잘 알지 못한다. 유채에게도 청소년 수련관은 크게 흥미로운 곳으로 보이지 않았기에 신경 쓰지 않고 지냈다. 그런데 하루는 엄마가 유채에게 이렇게 말씀하셨다.

"유채야, 청소년 수련관에서 '청소년 리더십 캠프'를 하던데 한번 가보지 않을래?"

"싫어요. 전 관심 없어요."

"마냥 싫다고 하지 말고 한번 생각해보렴. 너한테 좋은 계기가 될 것 같아."

엄마의 권유에 유채는 다시 곰곰이 생각해보았다.

'그래, 언제까지 혼자 학교를 다닐 순 없잖아. 새 친구도 사귀고 새로운 생활을 하려면 나에게도 변화가 필요해. 밑져야 본전이니 한번 가보기라도 하자.'

망설이던 유채는 용기를 내어 캠프에 참가하기로 결심했다.

그렇게 참석한 리더십 캠프가 나와 유채의 첫 만남 자리였다. 유채는 전혀 모르는 다른 중학교, 다른 학년 학생들과 함께하는 캠프가 처음이었다. 처음에는 모르는 친구를 만난다는 생각에 두렵고 걱정이 되었다. 하지만 막상 프로그램이 시작되니 예상보다 훨씬 재미있었다.

캠프 때 오프닝 게임에서 친구들과 첫인상을 말하는 미션이 있었다. 친구들이 "유채는 웃는 모습이 예뻐!"라며 첫인상에서 호감이 든다고 말해 주자 유채는 자신도 모르게 자신감이 생겼다.

'내가 웃는 모습이 예쁘다고? 정말?'

생각해보니 중학교에 온 이후로는 친구들과 이야기를 나눈 적도, 이렇게 밝게 웃어본 적도 별로 없었다. 항상 웃을 때 손을 입을 가리고 소극적인 모습이었던 유채는 캠프 기간 동안 손을 내리고 자신 있게 웃기 시작했다. 무엇보다 함께 활동하는 즐거움과 소통하는 기쁨을 알게 되었다.

캠프에 참가한 학생들은 캠프 기간 내내 이런 질문을 끊임없이 받았다.

"여러분의 꿈은 무엇인가요?"

이 질문에 자신 있게 대답하는 친구가 있는가 하면, 유채처럼 머뭇머뭇 대답하지 못하는 친구도 있었다.

'내 꿈? 내 꿈이 뭐였지? 내가 좋아하는 일이 뭔지도 모르겠는걸.'

사실 유채는 진지하게 자신의 꿈에 대해 생각해본 적이 없었다. 누군가 자신에게 꿈이 무엇이냐고 물어본 적도 거의 없었다.

나는 망설이던 유채에게 다가가서 이렇게 물었다.

"유채야, 넌 무엇을 할 때 가장 행복하니?"

"글쎄요, 전 지금 행복하지 않은데요…."

유채는 고개를 숙였다. 그런 유채의 어깨를 토닥이며 나는 말했다.

"유채야, 행복의 기준은 사람마다 다르단다. 대신 공통점이 있어. 행복은 내가 스스로 행복하다고 마음먹는 순간 찾아온다는 점이야. 아마 유채가 미처 못 느꼈을 뿐, 분명 행복했던 순간들이 유채의 일상 구석구석에 숨어 있을 거야. 행복한 순간을 발견하면 너의 꿈을 찾기도 쉽단다. 한번 생각해보렴."

'행복이 내 안에 숨어 있다고?'

유채는 곰곰이 자신의 일상을 돌아보며 행복했던 순간을 더듬어보았다. 문득, 얼마 전 참여한 봉사 활동에서 참 뿌듯하고 보람을 느꼈던 기억이 났다.

'맞아. 나보다 더 힘들고 어려운 사람들이 많은데 그런 사람들을 내가 도와줄 수 있어서 참 행복했었지.'

유채는 자신이 '봉사'에 흥미를 느끼고 있다는 사실을 새삼 깨닫게 되었다.

우려했던 기대와 달리 유채는 이번 캠프를 통해 자신을 돌아보고 새롭게 다짐하는 터닝 포인트를 만날 수 있었다. 캠프가 끝난 뒤, 유채는 새로운 마음으로 중학생 생활을 다시 시작하기로 결심했다.

특히 유채는 캠프를 통해 '봉사란 남을 위한 것도 있지만, 결국엔 내가 더 행복해지는 것'이라는 확신을 얻었다. 그래서 중학교를 졸업할 때까지 꾸준한 봉사 활동을 이어갔고, 그 결과 전교에서 가장 많이 봉사 활동을 한 학생으로 학교를 대표해서 봉사상까지 받게 되었다.

중학생이 막 되었을 때 유채는 불행했다. 불안정하고 위태로웠다. 하지만 자신이 좋아하는 일을 발견하자 유채는 정말 행복하게 학교생활을 마무리할 수 있었다.

나는 행복하게 살기로 했다

그렇게 중학교를 졸업한 유채는 고등학교에 입학하자마자 '방송반'에 흥미가 생겼다. 재미있어 보였고 도전해보고 싶었지만 과연 합격할 수 있을지 자신이 없어 우물쭈물 망설였다. 간신히 용기를 내서 방송반에 지원했는데, 당당하게 합격했다. 유채는 너무나도 기뻤다.

'야호! 내가 방송반이라니. 신난다!'

유채는 방송반에서 엔지니어를 맡았다. 엔지니어는 점심방송과 안내방송, 그리고 방송제를 할 때 영상을 편집하는 일을 한다. 엔지니어 일을 하면서 유채는 기본적인 방송장비와 기계를 다룰 수 있게 되었고, 영상을 편집할 수 있는 능력도 생기게 되었다. 자신이 편집한 영상을 친구들에게 보여줄 때는 참 뿌듯하고 보람있었다.

학교 밖에서도 다양한 활동을 해보고 싶었던 유채는 캠프를 통해 인연을 맺은 청소년 수련관에서 운영하는 '청소년 참여자치회' 모집 공고를 보게 되었다. 처음이 어려웠지 새로운 것에 도전하는 데 필요한 용기는 도전이 반복될 때마다 더 늘어나는 것 같았다.

청소년 참여자치회를 선발하는 면접관이 유채에게 질문했다.

"왜 청소년 참여자치회에 참여하고 싶나요?"

"저는 청소년들에게 꿈과 희망을 주는 사람이 되고 싶어요. 그러기 위해서 직접 저와 같은 청소년을 만나면서 도와주는 프로그램을 기획해서 운영해보고 싶습니다. 열심히 할 테니 꼭 뽑아주세요!"

면접에서 자신 있게 자신의 의견을 말한 유채는 당당히 합격했다. 청소년 참여자치회 활동을 하면서 유채는 다양한 아이디어를 내서 직접 프로그램을 기획하고 진행했다. 이로 인해 유채는 자신의 진로에 대해 확신을 가지게 되었다. 학교에서는 방송반, 학교 밖에서는 청소년 참여자치회 활동을 하면서 스스로 무엇인가를 할 수 있다는 자신감이 생겼다. 여러 사람이 서로 다른 의견을 낼 때 대화를 통해 조율하는 능력도 생겼다.

유채가 사춘기 때 아무것도 하지 않고 공부만 했다면 여전히 삶에 우울함이 깃들어 극복하기 어려웠을 것이다. 그러나 캠프에 참여하고 봉사 활동도 하고 직접 부딪힘으로써, 좋은 친구와 기쁨과 즐거움을 얻게 되었다. 그 결과, 일상 속에서 소소한 행복을 느끼며 자신의 십대를 행복한 추억으로 가꾸어나갔다.

유채는 오늘도 지금의 행복을 느끼고 내일의 행복을 꿈꾸며 한 발 한 발 자신의 꿈을 향해 걸어나가고 있다.

행복은 내가 만들고 선택하는 것이다. 행복은 미래의 목표가 아니라 지금 당장의 선택이다. 여러분 역시 미래의 행복을 위해 현재의 행복을 포기하지 않기를 바란다. 그러기에는 다시 돌아오지 않을 지금 이 시간이 너무 소중하지 않은가! 내일의 행복이 아닌 오늘의 행복을 선택하자. 행복은 결국 내가 선택하기 나름이다.

유채의 리얼 한마디

앞으로 여러분에게는 많은 선택의 시간이 주어질 거예요. 부디 그 선택을 놓치지 마세요. 어쩌면 그 선택이 당신의 인생을 바꿀 만큼 굉장한 기회일 수도 있습니다. 꿈을 가지고 싶다면, 막막하다면, 힘들다면 두려워하지 말고 용기를 내어 한 발자국만 앞으로 나가보세요!

주은's story

꼭 잘하지 않아도 돼

쓰러지느냐 쓰러지지 않느냐보다 중요한 것은,
쓰러졌을 때 다시 일어서는 것이다.
-빈스 롬바르디-

시인 킴벌리 커버거의 〈지금 알고 있는 걸 그때도 알았더라면〉이라는 시의 일부다.

지금 알고 있는 걸 그 때도 알았더라면
나는 분명 춤추는 법을 배웠을 것이다.
내 육체를 있는 그대로 사랑했을 것이다.
나와 인연을 맺은 사람들을 신뢰하고
나 역시 그들에게 신뢰받는 사람이 되었을 것이다.

인생에서 가장 후회가 되는 일이 무엇이냐고 물으면 많은 사람이 '무엇인가를 했기 때문'이 아니라 '무엇인가를 하지 않았기 때문'이라고 한다.

특히 하고 싶은 일이 있어도 실패할까 봐 망설이다가 결국 시간이 지나고 나서야 후회를 하는 경우가 참 많다.

나 역시 지금 내 인생을 돌아보면 참 많은 후회가 든다.

'그때 공부를 좀 더 열심히 할걸.', '부모님과 여행을 많이 다닐걸.', '용기 내서 공모전에 도전해볼걸.' 등 내가 차마 도전하지 못한 지난 일들에 대한 후회가 대부분이다. 이렇게 우리는 늘 지나고 나서야 '그때 그렇게 할걸.'이라며 후회하곤 한다.

꼭 잘해야만 하는 것은 아니다

주은이는 예술 계통에 흥미가 많았고 적성도 잘 맞았다. 초등학교 때부터 글 쓰는 것을 좋아했다. 한참 유행이었던 연예인을 주인공으로 하는 '팬픽'이라는 소설에 흥미가 생겨 글을 쓰기 시작했다. 계속 쓰다 보니 언제부턴가 글을 쓰는 그 자체가 좋아져서 '소설 작가'라는 꿈도 생겼다.

그런데 어느 날, 영화를 보다가 한 배우의 연기가 너무 멋있어서 문득 '저런 배우가 되고 싶다.'라는 생각이 들었다. 그렇게 주은이는 '작가'에서 '배우'로 꿈이 바뀌었다. 많은 배우 중에서도 주은이는 '연극배우'가 되고 싶었다. TV나 스크린 안에 있는 것보다 무대 위 생생한 현장에서 사람을 만나고 싶었기 때문이다.

주은이가 연극배우가 되고 싶다고 친구들에게 얘기했을 때, 친구들의 반응은 생각보다 까칠했다.

"너 연기 잘해? 연기 해봤어?"

"네가 배우가 된다고? 야, 그 비주얼 가지고는 명함도 못 내밀어."

친구들은 코웃음 쳤다. 주은이는 당연히 연기라는 걸 한 번도 해본 적이 없었고, 그럴 만한 기회도 없었다.

'난 그저 좋아서 시작하는 건데, 왜 모두가 잘하냐고 물어보지? 꼭 잘해야 시작하는 건 아니잖아.'

그저 연극 무대에 서보고 싶었고, 연기가 좋아서 꿈을 연극배우로 정한 것인데, 다들 잘하는지부터 물어봤다. 주은이는 부정적인 기운에 휩쓸리고 싶지 않아서 스스로 주문을 외우기 시작했다.

'잘해야 할 수 있는 게 아니라, 하다 보면 잘할 수 있게 될 거야.'

마침 집 근처 청소년 수련관에서 '청소년 극단'을 모집한다는 안내문을 보았다.

'극단을 모집한다고? 기본기도 없는 내가 합격할 수 있을까?'

안내문을 보자 주은이는 가슴이 설레기 시작했다. 정성을 다해 지원서를 작성하고 면접을 봤다. 잘은 못해도 자신감 있게 최선을 다해 면접에 임했다. 결과는 어땠을까? 당당히 합격했다. 그렇게 주은이는 중학교 3학년 때부터 본격적으로 연극의 기본기를 배우기 시작했다.

매주 토요일마다 연기 교육을 받고 실습을 하며 실력을 쌓아갔다. 주은이는 학교 행사가 있을 때만 빼고는 매주 연습에 빠지지 않고 꼬박꼬박 참석했다. 그 시간이 주은이는 마냥 즐거웠다.

몇 개월 뒤, 처음으로 무대에 설 기회가 주어졌다. 비록 주인공은 아니었지만 자신의 배역에 최선을 다해 연기했다. 연극이 끝난 후 관객들에게 박수갈채를 받을 때의 그 희열은 주은이를 가슴 뛰게 만들었다. 그렇게 연극을 본격적으로 배우기 시작하면서 주은이는 너무 신이 났다.

새로운 도전 앞에 망설이지 마

고등학교에 입학할 무렵, 주은이는 자신의 인생에서 처음으로 중요한 선택의 갈림길에 섰다. 집 근처에서 영어 프로그램을 듣고 있었는데 선생님께서 주은이와 친구들에게 미국 교환 유학에 대해 말씀해주신 것이다. 주은이의 부모님은 그 설명을 듣고 주은이에게 교환 유학을 권유하셨다.

"주은아, 1년 정도 미국 교환 유학을 가보는 것이 어떻겠니? 너한테 참 좋은 경험이 될 것 같은데."

그러나 1년이란 시간은 생각보다 길었다. 교환 유학 갈 생각을 하자 아쉬운 점이 많았다. 주은이는 고등학교에 입학해서도 계속 청소년 극단 활동을 하면서 연기를 배울 계획이었다. 친구들과도 헤어지기 싫었다. 교환 유학의 장점도 있지만 다녀와서 적응을 못한다는 이야기도 들은지라 걱정도 되고 실패할까 봐 두려웠다. 하지만 곰곰이 생각해보니 새로운 세상에 도전한다는 것에는 설렘이 생겼다.

'그래, 고작 1년인데 뭘. 연극배우가 되려면 다양한 경험도 해봐야지.'

주은이는 생각을 바꾸고 교환 유학을 가기로 결심했다. 하지만 또 다른 고민이 생겼다. 고등학교 배정을 받은 뒤 한 학기만 다니다가 미국으로 떠나야 하는 상황이었다. 한 학기만 학교를 다니고 유학을 갔다가 다시 돌아와 적응하느니, 차라리 검정고시를 보는 것이 낫겠다는 생각이 들었다.

"엄마, 저 어차피 한 학기만 다닐 거라면 교복값도 아깝고 하니 그냥 검정고시를 준비할게요."

"그래도 주은아, 유학 다녀와서도 학교 다닐 수 있으니까 그냥 잠깐이라도 학교에 다니는 게 어떻겠니?"

하지만 주은이는 부모님의 만류에도 고등학교 입학을 취소하고 검정고시를 준비하기 시작했다. 사실 나중에 사회생활을 할 때 고등학교를 나오지 않았다는 것이 주은이에게 좋지 않은 선입견이 될까 봐 두렵기도 했다. 하지만 자신이 한 선택에 후회하지 않기로 했다.

주은이는 검정고시 학원에도 다니지 않고 혼자 공부했다. 도서관에 가는 길에 등교하는 친구들을 만나기도 했다.

"주은아, 잘 지내? 이야, 학교 안 가니까 좋겠다!"

친구들은 주은이를 부러워했다. 주은이도 처음엔 모든 게 다 좋았고 행복했다. 하지만 그런 생활이 한 달, 두 달 정도 반복되자 슬슬 지루하기 시작했다. 시간이 갈수록 다시 학교에 가고 싶고, 친구들과 놀고 싶었다. 물론 마음만 먹으면 친구들을 만날 수도 있었지만, 학교에 다니는 친구들과는 시간이 잘 맞지 않았다. 도서관에 가도 학생 열람실에는 주은이 혼자였다. 점심을 먹을 때도 항상 혼자 분식집이나 편의점에 가서 먹어야 했다.

주은이는 많이 외로웠다. 친구들이 교복을 입고 학교에 다니는 것이 그렇게 부러울 수가 없었다. 새 친구를 사귀고 새로운 선생님을 만나고 싶었다. 친구들과 삼삼오오 어울려 점심 급식도 먹고 싶었다. 고등학교 때만 만들 수 있는 추억이 주은이에게만 없는 것 같아 울적해지기도 했다.

자칫 슬럼프에 빠질 수 있었던 위기의 순간, 다행히 주은이는 이렇게 귀한 시간을 그냥 흘려보내고 있다는 사실을 깨닫고 정신을 차려 검정고시를 준비했다. 다행히 시험 결과는 합격이었다. 그 후 주은이는 1년 동안 미국으로 교환 유학을 갔다 돌아왔다.

미국 고등학교를 다니면서 새로운 친구들과 선생님을 만나 공부를 하며 급식도 먹고 교복을 입는 소소한 일상들이 행복했다. 한 한기만 학교를 다니지 않았던 것뿐인데, 학교생활이 이렇게 즐거웠는지 새삼 느꼈다.

한국에 돌아와서 주은이는 학교에 다시 진학하지는 않았지만 대학로의 한 극단에 들어가 본격적으로 연극 공부를 시작했다. 그렇게 주은이는 자신의 꿈을 향해 또 다른 도전을 준비하고 있다.

검정고시도, 미국 유학도 주은이에게는 좋은 기회였다. 만약 주은이가 이런 저런 이유로 실패를 두려워했다면, 미국으로 교환 유학 가는 것을 포기했다면 더 넓은 세상에서 많은 경험을 하지는 못했을 것이다.

하고 싶은 일이 있다면, 시도해보고 싶은 일이 있다면 망설이지 말고 도전해보자. 해보지도 않고 후회하는 바보가 되지 말자. 지금 여러분 인생에 '실패'라는 단어는 없다. '성장'이란 단어만 있을 뿐. 실패를 두려워하지 말고 마음껏 도전하는 사람만이 그 결과가 어떻든 그 과정 속에 눈부시게 성장하는 자신을 만날 것이다.

주은이의 리얼 한마디

정말 하고 싶다면, 노력하세요. 잘하지 않아도 괜찮아요. 청소년에게는 무한한 가능성이 있기에 무엇이든 할 수 있답니다. 학교를 다니는 것도, 유학을 가는 것도, 언제 다시 찾아올지 모르는 기회의 순간들입니다. 두려워하지 말고 자신 있게 선택하세요.

선아's story

도움이 필요할 땐 언제든지 SOS!

암초를 벗어나려면,
신은 찾되 열심히 노를 저어야 한다.
-인도 속담-

대학을 졸업하고 사회에 나와 '청소년지도사'라는 직업으로 한 길을 걸어온 지도 어느덧 10년이 넘었다. 자칭 '청소년지도사 홍보대사'라고 할 정도로 내 직업에 대해 보람과 자부심을 느낀다.

이 책을 읽고 있는 여러분 중에는 '청소년지도사'라는 직업이 다소 생소한 친구들도 있을 것이다. '청소년지도사'는 우리가 살고 있는 지역 곳곳의 청소년 수련관, 청소년 문화의 집, 청소년 수련원, 청소년 유스호스텔, 청소년 센터 등 각종 청소년 시설에서 청소년과 함께하고 있는 사람들이다.

누군가 '청소년지도사'가 무엇인지 물으면 나는 이렇게 대답하곤 한다.

"청소년지도사는 청소년들의 일상이 보다 즐겁고 행복해지도록 다양한 활동의 경험을 제공해서, 스스로의 꿈을 찾고 올바른 성장을 할 수 있도록 돕는 선생님이랍니다."

지역 곳곳에 꿈쌤처럼 언제든지 여러분들에게 기꺼이 도움을 줄 수 있는 '청소년지도사'들이 존재한다는 사실을 꼭 기억하기를 바란다.

모야모야병 3기입니다

청소년지도사를 꿈꾸는 청소년 관련 학과 대학생들이 종종 청소년 센터로 자원봉사나 실습을 나온다. 갓 스무 살이 된 모교 후배 선아도 보조지도사로 지원을 해서 처음 만나게 되었다. 유난히 해맑고 예쁜 미소를 지닌 선아. 하지만 선아에게도 힘들었던 청소년 시기가 있었었다.

"모야모야병? 그게 뭐예요?"

의사 선생님 앞에 선 선아는 당시 중학교 3학년, 열여섯 살이라는 어린 나이였다.

모야모야병은 알 수 없는 원인으로 뇌혈관이 좁아지는 희귀 질환이다. 회복도 치료도 어려운 난치병에 속한다. 뇌혈관에 무리가 가면 안 되기 때문에 악기를 불거나 뜨거운 음식을 후후 불어 먹는 행동은 자제해야 한다. 크게 울거나 스트레스를 심하게 받아도 안 된다.

사실 선아는 어렸을 때부터 몸이 약하고 기관지가 좋지 않아 잦은 입원과 여러 차례의 수술을 해야 했다. 그럼에도 불구하고 늘 긍정적이었던 선아는 '인간 비타민'이라고 불릴 정도로 밝은 아이였다. 하지만 모야모야병을 진단받고서는 눈앞이 깜깜했다. 입원과 동시에 정밀 검사를 받아야 했기에 학업, 대외 활동 등 자신이 하고 있던 모든 것을 중단해야 했다.

16세, 선아 인생의 첫 암흑기가 찾아온 것이다.

어둠의 시간, 나를 밝혀준 사람

선아는 중학교 때부터 '국제 청소년 성취포상제'에 도전하고 있었다. 국제 청소년 성취포상제는 만14~24세 청소년이 다양한 활동 영역에서 자기 주도적으로 활동하여 잠재력을 개발하고 삶의 기술을 갖도록 하는 국제 공인된 자기 성장 프로그램이다. 선아는 새로운 환경 속에서 새로운 사람들과 함께하는 탐험 활동이 너무 재미있고 신이 났다.

하지만 모야모야병으로 인해 활동을 중단하게 되었고, 이것이 깊은 상처가 되고 말았다.

'대체 왜 나에게만 이런 병이 생긴 걸까?'

현실을 부정하고 싶었다. 자신의 존재 자체가 원망스러웠다. 수술 후 휴식기를 가지고 학교로 돌아왔지만 자존감은 점점 낮아졌다. 선생님과 친구들이 자신을 지나치게 조심스럽게 대하는 것이 느껴졌기 때문이다. '선아는 아팠으니까 봐주자, 아픈 애가 이 정도면 잘한 거야.' 하며 배려하는 마음들이 오히려 선아를 위축되게 만들었다.

중학생 선아에게 필요했던 건 그저 자신을 있는 그대로 인정해주고 기댈 수 있도록 어깨를 빌려주는 안식처였다. 그리고 힘들었던 그 순간, 선아의 어둠을 밝게 비춰준 사람이 바로 국제 청소년 성취포상제에 함께했던 청소년지도사 선생님이었다. 선생님은 선아가 감정에 복받쳐 울 때마다 묵묵히 이야기를 들어주고 위로해주셨다.

"선아가 그동안 정직하고 밝게 살았기 때문에 아픔을 일찍 발견할 수 있었던 거야. 아픔이 오지 않는 것이 가장 좋겠지만, 만약 병을 모르고 있다가 탐험 활동 중에 갑자기 쓰러졌다면 지금보다 더 악화된 상태로 마주하지 않았을까? 선아가 하고 싶었던 활동들은 수술을 잘 마무리하고 회복해서 다시 하면 되는 거야. 선아는 할 수 있어!"

청소년지도사 선생님 덕분에 선아는 조금씩 현실을 받아들이고 긍정적인 생각을 하도록 노력하게 되었다.

'그래, 선생님 말씀이 옳아. 지금이라도 발견한 것이 얼마나 다행이야. 완치가 되는 병은 아니지만 살아갈 수 있음에 감사하며, 더 열심히 살아야지.'

선아는 다시 병을 앓기 전의 인간 비타민으로 돌아왔다. 여전히 힘든 순간도 존재하지만, 그럼에도 자신의 삶에 감사했다. 선아는 수술로 인해 중도 포기했던 국제 청소년 성취포상제 탐험 활동에 다시 도전하는 것을 목표로 열심히 체력을 길렀다. 그리고 마침내 고등학교 2학년 때 경기도 삼

남길 90.1킬로미터를 트레킹으로 완주했다. 병을 이유로 모든 것을 포기하고 좌절과 절망 속에서만 살았다면 꿈도 꾸지 못했을 일이었다. 선아는 날아갈 듯이 기뻤다.

이 일을 계기로 선아는 한 가지 깨달음을 얻었다. 육체적이고 직접적으로 도움을 주는 것도 물론 중요하지만, 누군가를 정신적으로 위로하고 선한 영향력을 행사하며 간접적인 도움을 주는 것도 한 사람의 인생을 바꿀 만큼 중요하다는 사실이다.

인생의 터닝 포인트를 선물해주신 청소년지도사 선생님처럼, 누군가의 삶을 위로하는 사람이 되기로 마음먹은 선아는 이제 당당하게 말한다. 아킬레스건인 줄로만 알았던 모야모야병이 이젠 자신만의 '치트키'라고 말이다.

기꺼이 도움을 청하라

지금 이 순간에도 자신과의 힘든 싸움을 이겨내지 못하는 청소년들이 많이 있을 것이다. 선아처럼 질병으로 힘들어하는 친구도 있을 테고, 관계의 두려움을 이기지 못해 혹은 기대보다 못한 성적을 비관하여 극단적인 선택을 하는 친구도 있을지 모른다.

힘들었던 순간을 잘 이겨내고 대학생이 되어 자신의 꿈을 향해 걸어가고 있는 선아는 종종 청소년기를 떠올리곤 한다.

'힘들었던 어둠의 순간, 내가 위로받을 선생님이 안 계셨다면 얼마나 괴로웠을까.'

여러분도 마찬가지다. 고통스러운 순간에 찾아갈 누군가를 만들어라. 편안하게 이야기할 친구도 좋고, 부모님께 속 시원하게 고민을 털어놓는 것도 좋다. 또는 지역 청소년 기관의 상담사나 청소년지도사도 좋다. 아무도 없다면 이 꿈쌤에게 메일을 보내도 좋다. 주변에 여러분의 이야기에 귀 기울여줄 사람은 얼마든지 있다. 그저 손을 내밀기만 하면 된다. 누군가에게 자신의 이야기를 털어놓는 것 자체만으로도 분명 큰 힘이 될 것이다.

인생을 살아가면서 우리는 많은 두려움을 만난다. 코로나19처럼 아무도 경험하지 못한 새로운 환경에 대한 두려움, 타인의 시선을 의식하는 두려움, 자신의 불확실한 미래에 대한 두려움, 새로운 일에 도전하는 두려움, 죽음 및 고통에 대한 두려움…. 다양한 상황 앞에 마주 서게 된다. 그러나 이는 우리가 살아가는 동안 필연적으로 만나게 되는 과정이다. 나에게만 일어나는 일도 아니다. 언제까지나 도망치거나 피할 수는 없다. 막을 수도 없다.

그런 감정 앞에 뒷걸음치기보다는 당당하게 맞서보자. 그리고 그 두려움 앞에 도움이 필요하다면 기꺼이 누군가에게 도움을 청하자. 도움은 청하라고 있는 것이다. 창피해하지 말고 기꺼이 도움을 받아라. 그러면 훗날 기꺼이 남에게 손 내밀어 도움을 줄 수 있는 위대한 사람으로 성장하게 될 것이다.

선아의 리얼 한마디

꿈, 진로 그리고 미래에 대한 고민으로 이 책을 읽고 있을 너! 그것만으로도 넌 갈림길에서 목표하는 방향에 가까이 접근하고 있는 셈이야. 때로 힘든 일이 생기더라도 결국 내가 열매를 맺기 위한 과정이라고 생각하고 부딪친다면 한 걸음 더 성장한 너의 모습을 볼 수 있게 될 거야. 스스로를 사랑하는 일에 서툴다면, 오늘부터는 나 자신에게 조금 더 친절해지는 건 어떨까?

꿈쌤이 알려주는 '마음'을 지키는 꿀팁!

자신의 마음을 지키지 못하면 내 인생의 주인이 될 수 없답니다. 내가 생각하는 대로 마음먹은 대로 인생은 흘러가거든요. 마음을 지키는 가장 좋은 방법은 '긍정적인 마인드'를 갖는 것이랍니다.

매일 일상에서 감사하는 마음을 가질 것

주변의 친구들을 둘러보면 두 부류로 나눌 수 있습니다. 똑같은 상황에서도 "난 왜 이렇게 되는 일이 없는 거야?"라며 언제나 부정적인 말을 입에 달고 다니는 친구, "그래도 괜찮아, 정말 다행이야. 역시 난 운이 좋아!"라며 긍정적인 생각으로 감사하는 친구. 같은 상황임에도 전혀 다른 반응을 보이는 것은 바로 마음가짐의 차이랍니다. 긍정적인 친구 곁에는 항상 친구들이 많고, 늘 즐겁고 좋은 일들이 일어난답니다. 나는 어떤 친구인가요? 매일 내 주변에서 일어나는 크고 작은 일에 감사하는 마음을 갖도록 노력해보세요. '감사'는 긍정적인 마음을 갖는 최고의 방법이랍니다.

지금 이 순간의 행복을 포기하지 말 것

혹시 '수능 끝날 때까지만, 대학갈 때까지만 참자.'라며 지금의 행복을 희생하고 포기하며 앞만 보고 달려가고 있지는 않나요? 행복은 미래의 꿈이 되어서는 안 된답니다. 행복은 지금 이 순간에서도 얼마든지 누릴 수 있어요. 청소년기인 지금, 여러분만이 누릴 수 있는 행복을 발견해보세요. 나를 둘러싸고 있는 일상의 행복을 발견하는 기쁨을 느껴보길 바랍니다. 행복은 미래의 목표가 아니라, 지금 선택하는 것임을 기억하세요!

결과가 아닌 과정에 집중할 것

시험만 보면 평소보다 점수가 잘 안 나오거나, 대학을 목표로 열심히 달려왔는데 원하는 대학에 가지 못하면 억울하고 속상함을 느낄지도 모르겠어요. 그럴 땐 '결과'가 아닌 '과정'에 집중해보세요.

대나무는 씨앗을 심은 뒤 첫 4년은 죽순만 하나씩 돋아난답니다. 땅 위로 죽순이 자라는 동안 땅속에서는 뿌리가 길게 내려 튼튼한 나무가 되지요. 5년째 되는 해에는 무려 25미터나 자랍니다. 대나무에게 4년이란 시간은 25미터를 자라기 위한 도약의 준비 기간인 셈이죠.

여러분도 대나무처럼 결과보다 과정에 집중하며 묵묵히 도약할 날을 기다리는 중입니다. 조급해하지 말고 천천히 자신을 다듬고 성실하게 노력해보세요. 그럼 언젠가 대나무처럼 놀라운 성장을 이룰 수 있을 거예요.

Special Interview

5년 후 만난 책 속 주인공 이야기 _ 유채

꿈쌤 : 유채야, 반갑다! 5년 사이 너에게 참 많은 일이 있었다면서?

유채 : 꿈쌤, 오랜만이에요! 저는 고등학생 때 사회복지사를 목표로 대학교에 진학했는데, 지금은 조금 다른 길을 걷고 있어요. 저는 지금 군인이랍니다! 스물다섯 살에 여행을 다니면서 많은 사람들을 만났는데, 다들 이런 말을 하시는 거예요. "스물다섯이면 참 젊지. 네가 하고 싶은 걸 다 해봐도 될 나이야." 그래서 내가 사회복지 말고 하고 싶은 게 또 있었나 가만히 생각해보니, 10여 년 전에는 전 세계 유일의 분단국가에서 우리나라와 국민을 지키는 군인이 되고 싶다는 꿈이 있었어요. 군인은 나이 제한이 있기에 더 늦으면 기회조차 없을 것 같아 서둘러 준비하기 시작했답니다.

꿈쌤 : 유채야, 너무 멋진 결단이다! 이 선택이 후회되거나 힘든 적은 없었어?

유채 : 물론 지금도 교육과 훈련 때문에 힘들긴 하지만 원하던 일이었기에 후회는 없습니다. 이 선택을 한 제 자신이 자랑스러워요! 해군만의 특별한 경험을 모두 누릴 수 있는 지금의 시간을 소중히 여기고 있습니다. 이 시간을 통해 더 단단한 어른으로 성장하겠죠?

꿈쌤 : 당연하지, 마지막으로 이 책을 읽는 후배 청소년들에게 한마디 해줄래?

유채 : 오랫동안 간직했던 꿈을 쫓아가는 일에는 후회가 없어요. 여전히 아른거리는 꿈이 있다면 두려워하지 말고 도전해보세요. 혹시 실패하더라도 성장통이 되어 더 근사한 어른이 될 수 있을 거예요.

Learning

"교과서가 전부는 아니야"

PART 05

가림's story

나는 대학에 가지 않을 거야

배움은 우연히 얻어지는 것이 아니라,
열성을 다해 갈구하고 부지런히 집중해야 얻을 수 있는 것이다.
-애비게일 애덤스-

"선생님, 꼭 대학에 가야만 하나요? 대학을 나오지 않으면 차별을 많이 받아요?"

수능을 앞둔 고3 수험생이 내게 하소연한 적이 있다.

그럴 만도 하다. 우리나라는 세계에서 대학 진학률이 가장 높다고 한다. 고등학생 80% 이상이 대학에 입학한다고 하니, 이런 추세라면 고등학교 졸업 후에는 자동으로 누구나 대학에 입학하는 시대가 올지도 모르겠다. 그러나 과연 이런 현상이 바람직한 일인지 생각해봐야 한다.

미국 하버드 대학 발표에 따르면 동양계 낙제생 90%가 최고의 성적으로 입학한 학생들이었다고 한다. 성적이 그토록 좋았던 학생들이 대체 왜 낙제를 하게 되었을까? '장기적인 목표가 없다는 것'이 하버드 대학의 분석이었다. 단지 명문대에 입학하는 것이 목표였던 학생들이 막상 입학 후에 목표를 상실하고 방황했기 때문이다. 더 슬픈 것은 하버드 대학 동양계 낙제생 중 90%가 한국 학생이라는 사실이다. 그 이유가 무엇일까? 내 인생에서 가장 중요한 것을 놓치고 있기 때문이다.

나만의 키워드를 찾아라

가림이는 학창 시절 꿈이 너무 많아서 고민을 하기도 하고, 한편으로는 꿈이 없어서 고민한 적도 있는 친구다. 어렸을 때는 하고 싶었던 일들이 정말 많았다. 과학자, 아나운서, 스튜어디스, 초등학교 교사, 우주비행사…. 어린 마음에 멋져 보이던 그 일들을 모두 꿈으로 삼곤 했다. 하지만 언제부턴가 이렇게 많았던 꿈들이 하나둘 사라져갔다. 어쩌면 '과연 내가 이 꿈을 이룰 수 있을까?'라는 생각에 점점 현실 속에 자신감을 잃어갔는지 모르겠다.

그러다 중학교 때 가림이는 우연히 컴퓨터를 배우게 되었고, 흥미가 생겨 집중해서 공부하게 되었다. 컴퓨터 관련 자격증을 취득했고, 집에서 한 시간씩 걸리는 거리를 이동하면서까지 정보교육을 등록해서 수료하기도 했다.

사실 처음에는 단순히 재미있어 보인다는 생각에 시작했다. 누가 시켜서가 아니라 스스로 재미있어 자격증을 취득하고 교육을 받은 것이다. 그런데 점차 학년이 올라갈수록 문득 이런 의문이 들었다.

'과연 내가 지금 재미로 하고 있는 이 활동들이 훗날 나에게 큰 도움이 될까? 이제 고등학교도 진학해야 하는데 앞으로 내 진로는 어떻게 결정해야 하지?'

가림이는 자신의 진로에 대해 진지하게 고민하기 시작했다. 그런 고민을 하면 할수록 가림이는 '정보'라는 키워드에 자신이 큰 흥미를 갖고 있음을 발견했다. 그리고 마침 정보와 관련된 특성화 고등학교가 있다는 것을 알게 되었다.

'그래, 어차피 그동안 정보 관련 교육도 많이 받았고, 차라리 관련 특성화 고등학교에 입학해서 좀 더 전문화된 교육을 받자.'

그렇게 가림이는 평범한 인문계 고등학교가 아닌 특성화 고등학교로의 진학을 계획하게 되었다. 물론 부모님의 반대도 있었지만 충분히 설득시켜 특성화고에 입학할 수 있었다.

가림이는 '금융정보과'에 재학하면서 정보에 대한 리스크 분석을 배우고 꾸준히 꿈을 키웠다. 취업에 필요한 기초 능력을 하나씩 배우며 앞으로 어떻게 살 것인지 구체적으로 계획하고 실습할 수 있어 가림이에게는 아주 유익한 시간이었다.

대학보다 더 중요한 것

학교에서 경험하지 못하는 부분은 대외활동을 통해 채워나갔다. 특히 집 근처 청소년 수련관에서 '청소년 운영위원회' 활동을 병행했다. 무엇이든지 적극적으로 임한 덕에 가림이는 기획팀장으로 선출되었고, 청소년 수련관 모니터링을 활발하게 진행했다. 수련관을 층별로 돌아보면서 청소년들에게 필요한 시설이 무엇인지, 더 유용하게 활용할 수 부분은 무엇인지 분석하고 제안하는 활동이었다. 자신의 꿈인 '리스크 분석가'로서 필요한 역량을 개발할 수 있는 좋은 기회였다.

이런 팀 활동을 통해 가림이는 미처 몰랐던 자신의 단점도 발견하게 되었다. 너무 적극적이다 못해 지나치게 자기 주장을 내세운다는 점이었다. 이러한 성격으로 팀원 사이에서 갈등을 겪으면서 가림이는 스스로 단점을 극복하려고 노력했다. 그리고 1년 동안 기획팀장으로 활동하면서 팀원들과 함께 의견을 조율하는 법도 배울 수 있었다.

이제 고3 수험생이 된 가림이는 본격적인 취업을 준비하며 사회에 나갈 준비를 하고 있다. 만약 가림이가 명확한 목표가 있음에도 불구하고 분위기에 휩쓸려 남들이 다 가는 인문계 고등학교에 진학했더라면, 지금쯤 여느 고3 수험생처럼 책상에 앉아 책과 씨름하고 있을지 모르겠다. 하지만 가림이는 자신의 흥미 분야를 일찍 발견하고 그에 대한 준비를 남들보다 빨리 시작했다. 대학은 본인 스스로 필요하다고 생각되면 언제든 갈 생각이다. 대학보다 더 중요한 것을 가림이는 잘 알고 있기 때문에 대학을 조급하게 꿈꾸지 않는다.

자신에게 연관이 없어 보이는 일이고, 꿈과는 상관없어 보일 수 있는 일일지라도 그 자체에 최선을 다하고 열심히 노력하다 보면 어느새 내가 생각하고 꿈꾸던 곳에 도달할 수 있다고 믿는다. 그런 믿음을 가슴속에 품고 가림이는 오늘도 자신이 꿈꾸는 곳을 향해 한 걸음 더 나아가고 있다.

직업이 아닌 인생을 꿈꿔라

어릴 적 우리의 꿈은 단순했다.

"전 그림 그리는 게 좋아요."

"전 노래할 때가 가장 행복해요."

"저는 로봇을 만들고 싶어요."

그러나 어느 순간부터 그림을 좋아하니 '화가'가 되어야 했고, 노래를 부르는 것을 좋아하니 '가수'가 되어야 했다. 로봇을 만들고 싶다면 '로봇공학자'나 '과학자'를 꿈꾸어야 했다. 직업이 꿈이 되어버린 것이다.

그러나 직업은 단순히 꿈을 이루게 해주는 하나의 도구일 뿐이다. 꿈과 직업을 동의어라고 착각하기 쉽지만, 둘은 엄연히 다르다.

'선생님'이라는 직업이 아니라, '아이들에게 꿈과 희망을 가르치겠다.'

라는 꿈, '가수'라는 직업이 아니라 '나의 노래를 통해 사람들에게 감동을 주고 싶다.'라는 꿈…. 명사형 직업에 동사라는 꿈을 부여해야 한다. 그래야 설령 내가 그 직업을 가지게 되었을 때, 혹은 가지지 못했을지라도 내 삶의 방향을 잃지 않게 된다. 꼭 그 직업이 아니어도 내 삶의 방향, 내 꿈을 이루는 다른 수단을 이용하면 될 뿐이다. 직업은 꿈의 일부분일 뿐, 그 자체로 꿈을 대표할 수 없기 때문이다.

내 초등학교 6학년 생활기록부를 보면 장래희망에 'PD'라고 적혀 있다. 누군가를 즐겁게 하고 감동시키는 무엇인가를 기획하는 것을 좋아했기 때문이다. 청소년기에 방황도 거치면서 나의 꿈이 사라진 듯 했지만 결국 생각해보면 나는 지금 PD란 직업을 갖고 있지는 않지만, 누군가에게 긍정적인 영향과 감동을 줄 수 있는 프로그램을 기획하고 전달하는 일을 하고 있다. PD가 되지는 않았지만 나는 꿈을 못 이룬 것이 아니라 다른 직업을 통해 그 꿈을 이루고 있고, 그 꿈은 지금도 현재 진형형이다.

이처럼 동사형의 꿈을 꾼다면 여러분이 원했던 직업을 얻지 못하더라도 실망할 필요가 없다. 다른 직업을 통해 그 꿈을 이루면 된다. 그렇기에 여러분의 직업은 언제든 바뀔 수 있다. 나는 여러분이 지금 중요한 이 시기에 단지 '명문대 진학'이란 공통된 꿈을 꾸지 않았으면 좋겠다.

대학은 인생의 종착역이 아니다. 나의 목적지를 향해 가는 길의 하나의 플랫폼일 뿐이다. '지금 내 성적으로 대학이나 갈 수 있을까?'라는 스트레스를 받기보다는 '앞으로 10년 후 나는 어떤 모습으로 어떻게 살고 있을까?'를 고민해보자. 그 길에 필요한 것이 대학이라면 그에 맞는 노력을 해야 할 것이고, 다른 길이 먼저라면 그 상황에 맞는 준비를 하면 된다.

지금 내 눈앞에 보이는 단지 점수 몇 점으로 인생의 방향을 결정하기에는 내 인생은 너무나 귀하고 소중하지 않은가.

가림이의 리얼 한마디

남들이 다 간다고 해서 꼭 대학에 갈 필요는 없다고 생각합니다. 꼭 그 직업을 갖지 않는다고 해서 그 일을 못하는 것도 아니고요. 자신의 상황을 잘 고려하여 가장 하고 싶은 일이 무엇인지에 대해서 진지하게 생각하고 그에 맞는 준비를 하길 바랍니다.

민경's story

꿈이 있으면 뭐해

정직하고 용기 있게 산다면 경험을 통해 성장할 수 있다.
-엘리너 루스벨트-

대한민국에서 청소년이라는 이름으로 살기란 얼마나 고단한가. 언제부턴가 십대의 삶은 오로지 대학을 가기 위한 하나의 준비 기간으로만 삼고 있다. 그저 참고 기다려야만 하는 시간임에 모두가 암묵적으로 동의하고 있는 것이다. 그러다 보니 12년의 교육과정 역시 오로지 대학 진학에만 초점을 맞추게 되고, 청소년기의 최종 목표도 대학 진학이 되어버리기 일쑤다. 그저 수능 점수에 도움이 되는 경험만을 배움으로 여기고, 그와 무관한 활동에는 관심이 없다.

그러나 사실 그렇지 않다. 여러분의 시간은 놀라운 배움과 성장의 기적을 만들어낼 수 있는 귀중한 시기다. 그 기적을 만나기 위해서는 '내가 경험하는 모든 것을 배움'이라고 여기는 관점의 변화가 필요하다.

내 인생의 황금기인 십대를 내가 선택하지도 않은 삶으로 채워서는 안 된다. 세상이 지켜주지 않는다면 자신이 스스로 지켜야 한다. 인생의 주인은 그 누구도 아닌 바로 '나'이기 때문이다.

일단 경험해볼 것

민경이는 하고 싶은 게 참 많았다. 그래서 초등학교 고학년이 되면서 동아리를 선택할 때도 정말 많은 고민을 했다. 하지만 한 가지만 고르기가 너무 아쉬웠기에, 일단 다양한 부서를 모두 경험해보고, 자신에게 정말 맞는 동아리를 선택하기로 했다.

민경이가 첫 번째로 가입한 동아리는 '육상부'였다. 나름 운동을 좋아한다고 생각하고 자신 있게 들어갔는데 막상 부서에 들어가 보니 다른 친구들에 비해 한참 뒤처지는 것이 아닌가. 게다가 운동은 취미 정도로 좋아할 뿐이지 실제로는 적성에 맞지 않았다.

육상부를 그만둔 민경이는 이번에는 친구와 함께 합창부에 들어갔다. 합창부에서는 나름 실력을 인정받고 중요한 포지션을 맡기도 했다. 하지만 시간이 지날수록 흥미가 떨어지고 참여하고 싶지 않아졌다.

'이것도 내가 하고 싶은 일이 아닌가? 정말 내 적성에 딱 맞는 일은 뭐지?'

민경이가 이런 고민을 할 무렵, 마침 6학년 학생만을 대상으로 선발하는 교내 방송부 모집 공고를 보게 되었다. 어릴 때부터 사람들과 대화하고 남 앞에서 말하는 것을 좋아하던 민경이는 텔레비전으로 쉽게 접할 수 있는 '아나운서'라는 직업을 막연하게 장래희망으로 삼곤 했었다.

'방송부? 그래, 내 꿈이 아나운서였잖아! 왜 진작 생각을 못했을까?'

민경이는 막연하게 꿈꿔오던 장래희망을 떠올리며 방송부에 지원했다. 경쟁을 뚫고 방송부에 합격한 민경이는 마침내 교내 아나운서로 활동을 시작하게 되었다. 그리고 그것이 계기가 되어, 민경이는 중학교 3학년이 될 때까지 방송반에서 아나운서의 꿈을 이어나가게 되었다.

"안녕하세요. 아나운서 박민경입니다."

자신의 목소리가 전교에 울려 퍼지는 순간마다 민경이는 강한 희열을 느꼈다. 교내 방송 아나운서로 활동하는 4년 동안 항상 방송실을 자신의 집처럼 드나들었다. 다양한 경험을 통해 자신의 적성을 찾아갔고, 점차 막연했던 '아나운서'의 꿈도 확실해져갔다. 무엇보다도 흥미가 있고 적성에도 맞았기 때문에 꿈에 대한 열망은 더 강해졌다.

배움을 통한 성장을 즐겨라

그러나 고등학교에 진학하면서부터 상황은 달라졌다. 학업으로 인해 방송부 생활은 상상도 할 수 없게 되었다. 민경이는 다른 고등학생처럼 학교, 집, 학원을 오가며 공부에만 매진했다. 당연히 재미없었다. 하지만 어쩔 수 없었다.

그렇게 하루하루가 지루하고 무기력하던 삶을 살던 민경이는 우연히 시에서 운영하는 '청소년 기자단' 모집 공고를 보게 됐다. 무언가에 홀린 듯 원서를 접수했다. 서류 전형에서 합격한 뒤 2차 면접까지 보게 되었다. 면접관은 민경이의 원서를 살펴보며 이렇게 질문했다.

"장래희망이 아나운서네요? 짧게 뉴스 오프닝을 해볼 수 있나요?"

"네, 네?"

민경이의 머릿속이 백지장처럼 하얗게 변했다. 긴장해서가 아니었다. 뉴스 오프닝이 어떻게 하는 건지 기억이 나지 않았다. 아니, 더 정확하게 말하면 뉴스 오프닝을 어떻게 하는지 민경이는 아예 모르고 있었다.

'이럴 수가, 아나운서가 장래희망이라면서 뉴스 오프닝이 뭔지조차 모르고 있었다니….'

스스로가 한심하게 느껴졌다. 그제야 민경이는 깨달았다.

'난 꿈만 꾸었지, 그 꿈에 대한 노력은 하지 않았구나. 이렇게 하다가는 꿈 근처에도 가지 못하겠어. 대체 내가 무엇을 해야 할까?'

면접에서는 제대로 대답하지 못했지만, 운 좋게도 민경이는 청소년 기자단에 합격했다. 그리고 이 일을 계기로 민경이는 언론인을 꿈꾸는 사람으로서 해야 할 것들에 집중하기 시작했다.

우선 청소년 기자로 활동하면서 다양한 사람들을 만나고 새로운 활동들을 하며 폭 넓은 지식과 경험을 쌓았다. 각종 워크숍과 현·전직 기자 강연에 적극적으로 참여하여 지식을 배웠다. 맞춤법과 적절한 표현은 물론 신문의 구성과 언론의 실재 세계까지 섭렵했다. 덕분에 당시 학교에서 실시한 '신문 만들기' 수행평가에서 우수한 성적을 받게 되었고, 풍부한 어휘력과 표현력을 갖추게 되었다.

또한 한국언론진흥재단에서 실시한 교육을 수료하면서 신문을 제작함에 있어 필요한 기본 지식과 각종 소양을 배웠다. 특히 이 체험에는 실제 거리로 나가서 직접 기사의 소재를 찾고 인터뷰를 따고 이를 토대로 신문을 제작하는 활동이 포함되어 있었다. 이것은 현직 기자들의 생활을 몸소 체험해보는 특별한 경험이었기 때문에 민경이에게는 잊을 수 없는 추억으로 남았다.

이 밖에도 청소년 기자단의 신문을 발간하기 위해 여러 분야의 행사를 방문하고 체험하면서 기획 의도, 진행하는 사람들, 참여하는 사람들에 대해서도 자세히 조사할 수 있었다. 또한 시장, 교육장, 문화재단 대표이사와 같은 지역 인사들을 만나 직접 인터뷰를 진행할 기회도 있었다. 여러 질문을 생각하여 미리 질문지를 보내고 이를 토대로 인터뷰를 마친 뒤 기사를 작성하고 편집하여 신문에 기재했다. 이 과정에서 미리 작성한 질문뿐만 아니라 개인적으로 궁금했던 사항들을 알아갈 수 있었고, 그들의 생각과 삶을 통해 간접적인 경험을 하며 견문을 넓힐 수 있었다.

이런 다양한 경험은 청소년 기자단이 아니었으면 접하지 못했을 것들이다. 이는 민경이의 학업에만 매진하던 지루한 생활패턴과 고정관념을 깨트리는 계기가 되었다.

청소년 기자단 활동을 바탕으로 민경이는 고등학교 내에서는 신문동아리를 직접 창단했고, 한국 청소년 단체 협의회에서 주관하는 청소년 기자단에서는 단장까지 역임하게 되었다. 대학생이 되어서도 대학생 연합 동아리 회장을 맡는 등 많은 사람들을 이끄는 자리에 서게 되었다. 그렇게 민경이는 자신의 청소년기를 다양한 경험과 배움으로 채워 자신의 꿈에 좀 더 가까이 다가갈 수 있는 기회로 만든 것이다.

민경이는 자신의 꿈에 한발 다가가기 위해 필요한 호흡법부터 시작하여 자신이 살아왔던 모든 습관과 행동들을 바꿨다. 어마어마한 양의 시사 공부와 전문적인 한국어 공부도 꾸준히 하고 있다. 누군가에게는 숨이 턱 막히고 듣기만 해도 벅차 보일 수 있다. 그러나 민경이는 두렵지 않을 뿐더러 오히려 행복하다. 타인이 강요하거나 시킨 것이 아닌, 진정으로 내가 원하고 하고자 하는 일이기 때문이다. 그로부터 몇 년 뒤, 민경이는 그토록 꿈꾸던 아나운서가 되었다. 이제 세상의 소식을 전하는 뉴스를 통해 만나게 된 민경이는 지금도 여전히 자신의 꿈을 위해 차근차근 달려가고 있다.

우리는 죽을 때까지 끊임없이 배우고 성장한다. 지금 여러분이 경험하는 모든 과정 역시 배움이다. 여러분은 꿈이 없는 것이 아니라, 경험이 없는 것이다. 청소년기에는 일상생활에서 다양한 경험을 통해 나의 꿈을 탐색하고 발견해나갈 수 있다. 미로처럼 알 수 없는 인생이란 길 앞에 때론 방향을 잃어 헤매기도 하고, 막다른 길 앞에 좌절하기도 하지만 여러분 앞에 성공과 실패는 없다. 그 과정 속에 오로지 '성장'이라는 이름의 길만 있을 뿐이다. 배움을 통한 성장을 즐겨라. 성장을 즐기는 자만이 진정한 성공과 행복을 누릴 수 있다.

나의 애창곡인 가수 이적의 〈걱정말아요 그대〉라는 노래 가사에 이런 구절이 있다.

"지나간 것은 지나간 대로 그런 의미가 있죠. 우리 다 함께 노래합시다. 후회 없이 꿈을 꾸었다 말해요."

여러분이 겪는 모든 경험은 지나간 대로 다 의미가 있다. 그러니, 걱정 말아요, 그대!

민경이의 리얼 한마디

자신의 꿈 앞에 나는 지금 무엇을 하고 있는지 가만히 들여다보세요. 누구나 그렇다는 핑계를 대지 말고, 자기 발전에 비전을 만들 수 있는 경험을 해보세요. 여러분은 가장 열정적이고 찬란한 시절을 보내고 있답니다. 두려워하지 말고 스스로에게 새 출발을 열어줄 기회를 제공하세요.

필성's story

공부할 맛이 안 날 때

책은 꿈꾸는 법을 가르쳐주는 진짜 스승이다.
-가스통 바슐라르-

"자, 지금부터 각자 자신의 생각을 말해보세요."

"네? 글쎄요, 그냥…."

이처럼 자신의 생각과 의견을 제시하는 것이 유독 어려운 친구들이 많다. 그저 듣는 대로 외우기만 하는 주입식 교육이 낳은 참담한 결과다. 어른이나 청소년이나 할 것 없이 '생각하기'를 참 힘들고 어려워한다. 자신의 생각은 온데간데없고, 검색을 통해 얻은 타인의 생각을 마치 자기의 의견인 양 착각하곤 한다.

그러나 내 생각의 주체는 바로 나 자신이다. 사라져가는 자신의 생각을 지켜야 한다.

자신의 생각을 지키는 방법 중 가장 효과적인 것은 '독서'다. 책을 읽으면서 나도 모르는 사이에 생각을 하게 되고, 자신만의 가치 기준을 발견하게 된다.

하지만 우리나라 청소년의 연 평균 독서량은 15.9권으로 현저히 적은 숫자다. 읽는다고 해도 중학교에 입학하는 순간부터는 입시와 무관한 책은 읽기 힘들다. 소설책을 읽을 시간에 문제집을 들여다보아야 하기 때문이다.

언제부턴가 청소년 사이에서는 독서가 사치가 되어버렸고, 책 읽는 학생이 오히려 별종 취급을 받는 것이 현재 대한민국 교실의 풍경이다. 필요한 정보가 있을 때에도 책 대신 스마트폰으로 검색을 하니 더 이상 읽을 필요가 없는 것이다. 인생을 살아가는 모든 지혜가 책에서 나온다고 할 만큼 책은 인생의 가장 훌륭한 스승임에 틀림없는데 말이다.

진짜 공부할 맛 안 난다

중학교 졸업을 앞두고 있을 무렵, 필성이와 친구들의 최대 관심사는 역시 고등학교 진학이었다. 가고 싶은 고등학교가 따로 있었지만, 부모님의 권유로 기숙학교에 입학하게 되었기에 필성이는 기분이 별로 좋지 않았다.

아는 친구도 한 명 없는 기숙학교에서 필성이는 적응하는 데 꽤 오랜 시간이 걸렸다. 게다가 고등학교 입학 후 처음으로 본 1학기 중간고사 결과는 참담했다.

'헉, 이게 내 점수라고? 말도 안 돼!'

필성이는 자신의 점수를 보고 충격을 받았다. 특히 국어 성적이 지나치게 낮았다. 중학교 때는 제법 공부 잘한다는 소릴 들었는데, 고등학교에 와서 본 첫 시험은 중학교 시절에는 상상도 할 수 없었던 점수였으니 말이다.

'그래, 솔직히 공부 열심히 하지도 않았잖아. 열심히 하면 다음 시험에는 오르겠지.'

필성이는 간신히 스스로를 위로하며 마음을 다스렸다. 하지만 중간고사보다 훨씬 더 집중해서 많은 양을 공부했음에도 기말고사 역시 형편없는 성적을 받았다. 기대감이 컸기에 실망감도 깊었다.

'나는 대체 왜 이럴까? 머리가 나쁜 걸까? 아, 진짜 공부할 맛 안 난다….'

성적이 오르지 않으니 공부에 흥미가 생기지 않는 것이 당연했다. 무작정 공부만 하려니 도무지 손에 잡히지 않았다. 이런 식으로 공부해서는 도저히 성적이 오르지 않을 것 같았다. 이때 필성이가 생각해낸 방법은 바로 '독서'였다.

필성이는 모의고사를 볼 때에도 국어 과목은 매번 비문학 독해에서 주로 틀렸다. 영어에도 독해 능력이 있듯, 국어에도 독해 능력이 필요한 것이다. 필성이는 독해력을 키우기 위한 방법으로 독서를 선택했다.

원래 책을 즐겨 읽었지만 학업을 핑계로 잠시 멀리 했었다. 그러나 지금은 달랐다. 공부가 참 하기 싫었던 시점에서, 독서는 필성이에게 공부에서 잠시 벗어날 수 있는 좋은 핑계였다. 사실 고등학생이 교과서, 참고서 외에 공부와 관련이 없는 책을 읽는다는 건 흔한 일이 아니었다. 필성이 역시 야간자율학습 시간에 소설책을 읽다가 선생님께 책을 압수당하기 일쑤였다.

"이 녀석아, 책 볼 시간에 문제 하나라도 더 풀어라. 이래서 어디 성적이 오르겠니?"

친한 친구들 역시 교과와 관련 없는 책을 읽는 필성이를 걱정했다. 하지만 그런 시선에 아랑곳하지 않고 필성이는 틈틈이 책을 읽었다. 그리고 필성이의 방법은 기대 이상의 대성공을 거두었다.

책을 읽다 보니 문제를 읽을 때나 책을 읽을 때 집중력이 길러졌다. 자연스레 독해 능력도 향상되어 성적이 올랐다. 학기 중에도 시간 날 때마다 책을 읽었고, 숙제하고 남은 시간에도 자는 것보다 책을 읽는 것이 습관화되었다.

책이 주는 최고의 선물

혼자 책을 읽다 보니 함께 책을 읽으며 서로 동기부여할 친구가 필요하다는 생각이 들었다. 성격이 워낙 활발하고 사교적인 필성이는 '독서 토론 동아리'를 찾아냈다. 동아리에서 새로 사귄 친구들과 같은 취미를 가지고 이야기를 하다 보니 학교생활도 재미있어졌다. 의무적으로 책을 읽는 것이 아니라 즐기면서 읽다 보니 책으로부터 생각지도 못한 선물을 받은 것이다.

독서는 필성이에게 자신의 인생에 대해 생각할 수 있는 시간을 선물해 주었다. 앞으로 내가 어떻게 살아야 할지 삶의 방향을 잡는 나침반이 되어주었다. 무엇보다 책을 통해 남의 생각이 아닌, 나만의 생각과 가치 기준을 세울 수 있었다. 배움을 공부로만 한정짓던 필성이는 이제 다양한 경험과 배움에도 관심이 생겼다.

버락 오바마, 오프라 윈프리, 빌 게이츠, 워렌 버핏 등 성공한 사람들 대부분은 모두 바쁜 일과 속에서도 끊임없이 독서를 하며 책을 가까이 했다. 생각의 힘은 우리가 알고 있는 것 이상으로 강하다. 스스로 생각할 수 있는 사람은 어떤 시련과 역경을 만나도 극복하고 헤쳐 나갈 수 있다. 반면에 자신의 생각과 주관 없이 남이 하는 대로 살아가는 사람은 시련이 닥치면 힘없이 무너지고 만다.

그렇기에 지금 여러분은 자신만의 올바른 가치관을 정립하고, 생각의 힘을 기르는 것이 무엇보다 중요하다. 앞서 말했다시피, 이를 위해 가장 좋은 방법은 바로 '독서'다. 책을 가까이 하고 많이 읽는 사람은 그렇지 않은 사람보다 훨씬 지혜롭고 사려 깊다. 정신적으로 강하고 충실하다. 지금 여러분에게 중요한 것은 '점수'를 위한 공부가 아니라 '생각'을 위한 공부다.

책을 통해 지킨 생각은 여러분의 삶을 지키고 눈부시게 만들어주는 최고의 지침서가 되어줄 것이다.

필성이의 리얼 한마디

인생의 중요한 결정을 내려야 하는 시기인 청소년 시절, 여러분에게는 무엇보다 지혜가 필요할 거예요. 독서를 통해 현명한 사람이 되면 귀중한 우리의 청소년기를 헛되이 보내지 않을 수 있답니다!

정인's story

나는 교과서 밖에서 공부한다

목적 없는 공부는 기억에 해가 될 뿐이며,
머릿속에 들어온 어떤 것도 간직하지 못한다.
-레오나르도 다빈치-

"여러분의 꿈은 무엇인가요?"

매년 초등학생 고학년을 대상으로 진행하는 '청소년 리더십 교육'을 시작할 때 제일 먼저 하는 질문이다. 아이들은 고사리 같은 손을 번쩍 들며 자신의 꿈들을 자신 있게 발표한다. 그럼 나는 또다시 질문한다.

"여러분은 왜 그런 꿈을 꾸나요?"

자신의 꿈을 신나게 발표하던 아이들의 대답은 이랬다.

"돈을 많이 벌고 싶어서요."

"성공하고 싶어서요."

"유명해지고 싶으니까요."

아이들에게 꿈은 단지 세상이 정의한 성공을 위한 수단처럼 보였다. 그 다음 질문은 이렇다.

"그 꿈을 이루기 위해서 가장 먼저 무엇을 해야 될까요?"

"좋은 대학에 진학해야 돼요."

"지금부터 수능을 준비해야 해요."

이제 고작 열한 살짜리 아이들 입에서 '수능'이니, '대학 진학'이라는 말이 나오자 씁쓸해졌다.

우리나라 청소년들은 초·중·고 12년이란 기간 동안 모두 '대학 진학'이라는 단 하나의 목표만을 바라보며 달려가고 있다. 많은 것을 경험하고 자신의 인생에 대해 고민해야 할 이 귀한 시기를 어쩌다 '대학 진학'만 바라보며 흘려보내게 되었을까?

이런 교육 현실 속에서 청소년들에게 "꿈을 꾸세요. 꿈을 가지세요."라고 말하는 건 모순일지 모르겠다.

얼마 전, 수능을 마친 고3 수험생에게 물었다.

"전공은 결정했니?"

"전공이요? 전공 고민할 여유 없어요. 일단 수능 점수에 맞춰서 좋은 대학 위주로 지원하고 있어요."

수능을 마친 고3 학생들 대부분은 자신이 앞으로 갖게 될 직업과 연결된 전공이 아닌, 성적에 맞는 대학과 학과를 결정하곤 한다. 그렇게 선택한 대학에 가서 뒤늦게 자신의 적성과 맞지 않음을 후회하고 다시 자신의 진로를 고민하는 이십대도 점점 늘어나고 있다. 여러분의 잘못이 아니다. 이런 교육 현실이, 이렇게 만든 어른들의 잘못이다.

하지만 환경을 탓하면서 이 시간을 흘려보낼 수는 없다. 내 인생은 누가 대신 살아주지 않는다. 스스로 인생을 지켜야 한다. 수능을 위한 공부만 하는 이 교육 현실 속에서 나도 모르게 놓치고 있는 가장 중요한 것을 붙잡아야 한다.

공부는 '머리'가 아닌 '마음'에서 시작된다

정인이는 자신의 미래에 대해 고민해야 할 청소년기를 '진로'가 아닌 '진학'에 대한 걱정으로 보내고 있었다. 대단한 재능이 있는 것도 아니고, 대인관계가 특별히 좋은 것도 아니고, 그렇다고 공부를 매우 잘한 것도 아니다. 정인이의 가장 큰 스트레스는 역시 '공부'였다.

"얘들아, 고등학교부터가 인생의 시작이다, 서울에 있는 대학을 가야 한다!"

학교에서 귀에 박히도록 잔소리를 들으며 학원도 다녀보고, 과외도 해보고, 자습도 빠지지 않고 꾸준히 했다. 보충수업도 듣고, 수행평가 시즌에는 다른 친구들에게 뒤처지지 않으려고 잠도 줄여가며 애를 썼다.

하지만 정인이는 고1 첫 중간고사를 치르고는 형편없는 점수에 실망하고 낙담했다. 기말고사에도 낮은 성적이 이어져 1학기 성적표는 말 그대로 엉망이었다. 노력에도 불구하고 성적이 오르기는커녕 평균도 나오지 않았다. 정인이는 점점 과도한 열등감에 사로잡혀 매번 고민에 빠졌다.

'열심히 공부하는데도 성적은 오르지 않고 더 떨어지기만 하니…. 난 도대체 왜 이럴까?'

공부가 자기와 맞지 않는 것 같아 일찌감치 다른 길을 고민해야 하나 심각하게 고려하기도 했다. 하나같이 '자기 과목이 제일이다.'라며 뽐내는 수업 속에서 쳇바퀴처럼 흘러가는 일상이 정인이는 너무 지겹기만 했다.

하지만 벌써 포기하는 것이 싫어 나름 좋아하고 흥미 있는 과목을 생각해보았다.

'어차피 포기할 거라면 딱 한 과목만이라도 내가 좋아하는 수업에 올인해보자! 나와 맞는 과목이 있고 안 맞는 과목이 있기 마련이잖아.'

정인이는 선택과 집중을 하기로 결심하고, 수많은 과목 중 '국어'에 집중하기로 했다. 사실 정인이는 소소하게 시를 감상하고 이따금 현실비판적인 소설을 보면 읽는 재미 또한 쏠쏠했다. 하지만 막상 공부라고 생각하니 그 재밌던 소설도 시도 따분하게만 느껴졌던 것이다. 정인이는 그나마 흥미가 있는 국어 과목에 재미를 붙이고 집중하기로 했다.

무엇보다 즐겁게 공부하는 것이 관건이라고 생각한 정인이는 집에서 국어책에 나와 있는 지문들을 중얼중얼 배우처럼 소리 내어서 읽었다. 수업 시간에 교과서에 한 필기를 공책에 옮겨 적으며 그 순간만큼은 '내가 제일 잘한다.'는 마인드컨트롤을 했다. 수업이 즐겁다고 생각하고 나니, 선생님도 좋아지고 공부하기도 수월해졌다. 자연스레 야자 시간엔 국어

책이 늘 단골손님이었다.

그 결과, 2학기 중간고사에서 정인이는 90점 이상의 높은 국어 점수를 획득할 수 있었다. 친구들은 시험이 끝난 뒤 "쉬웠다, 어려웠다." 떠드느라 바빴지만, 정인이에게는 들리지 않았다. 쉬웠기 때문에, 혹은 어려웠기 때문에 받은 점수가 아니라, 정인이 스스로의 노력으로 올린 값진 성과였기 때문이다.

전과목이 아니라 오직 한 과목뿐이었지만, 학원도 과외도 아닌 스스로 즐기면서 공부하는 방법을 터득해서 공부했고, 난생 처음 짜릿함을 맛보았다. 전과목을 골고루 잘해야 한다는 중압감을 잠시 내려놓고 진정으로 즐겨보았더니 깜짝 놀랄 점수를 받았던 것이다.

그때 문득 정인이는 깨달았다.

'그래, 단지 점수만을 위한 공부를 하니 공부도 하기 싫고 성적도 오르지 않았던 거야. 내가 왜 공부를 열심히 해야 하는지 생각해보자.'

그동안 열심히 공부했지만 그럼에도 만족할 만한 결과를 얻지 못했던 것은 공부를 해야 하는 진짜 이유가 없었기 때문이었다. 공부를 머리로 하려고 했을 뿐 마음에서 시작하지 못했던 것이다.

내 삶의 주인이 되기 위한 인생수업

정인이는 스스로 공부의 즐거움을 알고 난 이후부터, 내가 왜 공부를 해야 하는지 고민하기 시작했다. 그러다 보니 교과목 공부가 아닌 다른 활동들도 또 다른 인생의 공부라는 생각이 들었다. 그동안 자신이 뭘 좋아하는지, 뭘 잘하는지도 모르고 항상 남들과 비교하며 내성적으로만 살아왔던 정인이는 조금씩 변화하기 시작했다.

평소 봉사 활동에 관심이 많았던 정인이는 청소년 수련관에서 운영하는 '청소년 자원봉사단'에 지원했다. 공부와 병행해서 틈틈이 다양한 봉사 활동에 참여하다 보니 오히려 공부에 대한 스트레스도 풀리고 활력이 생겼다. 봉사단 활동을 하면서 내성적인 성격도 조금씩 활발해지기 시작했다. 단체 활동을 하다 보니 협동심과 남을 배려하는 법을 배웠다. 그렇게 고등학교를 마칠 무렵 '우수봉사단원'으로 표창장도 받게 되었다.

늘 자신이 평범하다고 생각했던 정인이는 교과목 공부를 벗어나 세상을 살아가는 방법을 경험하고 배우면서 점점 자신감이 생기기 시작했다.

그리고 정인이는 이제 대학생이 되었다. 남들한테 자랑할 만한 이름 좋고 유명한 대학은 아니다. 하지만 자신이 잘할 수 있으리라 판단해서 학과를 지원했고 당당히 합격했다. 지금은 자신의 선택에 만족하면서 성실히 대학 생활에 적응하는 중이다.

오로지 대학 진학만이 목표였던 친구들 중에는 며칠 다니지 못하고 길을 돌리는 친구들도 있고, 적성에 맞지 않아 중도 포기하고 다른 방향으로 바꾸는 친구들도 많았다. 자신의 꿈을 찾아서 대학에 간 것이 아니라 점수에 맞춰 대학에 진학했다. 그들 앞에 펼쳐진 현실은 냉혹했다. 대학만 가면 끝인 줄 알고 12년을 달려왔는데, 막상 이들에게 주어진 또 다른 관문은 막막하기만 했다.

이처럼 먼 미래를 보면 배움은 단순히 성적으로만 남는 것이 아니다. 그 배움은 평생 내 안에 있는 것이고, 내가 노력을 열심히 했었던 모습과 그 마음이 좋은 습관으로 이어져 더 값진 성과를 낼 수 있다.

아시아인 최초 '전미(全美) 최고의 고교생'으로 선정된 예일대학생 이형진 군은 공부는 '인생에 대한 예의이자 세상에서 가장 즐거운 탐험'이라고 말한다. 대부분의 청소년들에게 공부는 '재미없는 것', '어렵고 힘든 것'에 불과하기에 형진 군의 이야기가 와 닿지 않을 수도 있다. 하지만 형진 군은 교과서만 파고드는 공부가 전부가 아니라고 말한다. 그렇다. 책에 담긴 내용만이 지식의 전부는 아니다. 세상에 존재하는 모든 것이 배움의 재료가 될 수 있다. 형진 군은 학업 외에도 테니스, 바이올린, 디베이트, 뮤지컬 등 수많은 활동을 병행했다. 그런 활동들을 모두 소화하려면 시간도 부족했고 체력도 딸렸다. 하지만 형진 군은 각각의 활동을 통해 교과서에서는 결코 배울 수 없는 다양한 정신과 역량을 익힐 수 있었다.

결국 중요한 것은 무슨 과목을 공부하느냐가 아니라, '무엇에서든 배우려는 마음'이다. 진짜 공부는 대학에 가기 위해 하는 것이 아니다. 이 험난한 세상 속에서 그저 남이 시키는 대로 살아가는 노예가 아니라, 내 생각대로 살아가는 인생의 주인이 되기 위한 힘을 기르는 것이다.

정인이의 리얼 한마디

지금 생각해보면 점수 몇 점에, 동그라미 몇 개에 울고 웃었던 내가 왜 그리 성적에 집착했나 하는 생각이 들어. 남보다 더 좋은 조건, 점수만을 위해 살지 말고, 무엇을 할 때 제일 행복하고 보람을 느끼는지, 내가 어떤 과목을 흥미로워하는지, 하루 종일 매진해도 질리지 않을 것 같은 일은 무엇인지 찾는 즐거운 십대를 보내길 바란다.

지은's story

학원이 없으면 안 돼요

성장은 뜻밖의 어둠 속에서 도약할 때 이루어진다.
-헨리 밀러-

청소년에게 "어른들에게 가장 듣기 싫은 말이 뭐니?" 하고 물어보면 십중팔구 '공부하라는 잔소리'라고 대답할 것이다. 하지만 어른들의 마음은 어떨까? 모 일간지의 설문에 의하면 성인들에게 십대로 다시 돌아간다면 무엇이 제일 하고 싶은지에 대한 질문에 절반 이상이 '공부'라고 답했다.

나 역시 학창 시절 부모님께 가장 듣기 싫었던 잔소리는 "공부 좀 해라."라는 말이었다. 하지만 다시 그때로 돌아간다면, 내 꿈을 위해 꾸준히 공부를 즐기면서 하고 싶다. 의무적으로 누가 시켜서 하는 공부가 아니라 내 꿈을 위해 자기 주도적으로 하는 공부 말이다.

당시에는 꿈만 있으면 다 되는 줄 알았다. 꿈이 있어도 '공부'라는 기본 바탕이 없으면 꿈에 쉽게 다가가기 어렵다는 걸 청소년기가 끝나갈 때 즈음에야 깨달았다. 고3 수험생이 되었을 때 발등에 불이 떨어져 얼마나 고

생했는지 모른다. 게다가 효율적으로 공부하는 방법을 몰라 무식하게 외우기만 하다 보니 머릿속에 남는 것이 없었다. 황금 같았던 청소년기에 나만의 공부 방법을 발견하고, 스스로 공부를 하지 못했던 것이 아직도 제일 아쉬움이 남는다.

청소년기를 보내고 있는 여러분은 지금 공부만 강요하는 현실이 많이 힘들고 지칠지 모른다. 하지만 이것만은 분명하다. 공부는 적어도 내 꿈에 대한 예의라는 것이다. 지금의 공부가 여러분의 인생을 바꿀 수 있는 가장 쉬운 기회다.

학원 없이도 공부할 수 있을까?

지은이는 초·중학교 시절 공부를 잘하고 싶은 마음에 선행학습을 거른 적이 없었다. 오히려 선행학습을 받지 못하면 불안할 정도였다. 친구들도 거의 학원에서 예습을 하기 때문에, 선행학습은 당연하다고 여겼다. 하지만 자기주도 학습법이 제대로 잡혀 있지 않았기에 학원이나 과외 없이 스스로는 공부를 할 수가 없었다. 남들이 볼 때는 공부하는 시늉만 했다.

그런데 이런 방식에는 한계가 있었다. 특히 그동안 떠먹기 식으로 사교육에 의지했던 지은이에게 중학교의 암기과목은 생소하게 다가왔다. 영어, 수학 단과 학원을 주로 다녔기 때문에 사회나 과학 같은 탐구과목은 따로 공부해야 했지만, 스스로 학습해본 경험이 거의 없어서 탐구과목 성적은 좋지 못했다.

'다른 친구들처럼 종합학원에 다니면 사회, 과학시험도 잘 볼 수 있을 텐데….'

지은이는 남들보다 노력하지 않은 자신을 반성하기는커녕 오히려 종합학원을 보내주지 않는 부모님을 원망했다. 그 정도로 지은이는 사교육에 거의 의존하고 있었다.

그러던 어느 날, 학년이 높아질수록 성적이 떨어진다는 사실의 심각성을 깨달은 지은이는 '이렇게 공부해서는 안 되겠구나' 싶었다. 그제야 지은이는 사교육 없이 자신만의 학습법을 찾아보기로 결심했다.

같은 또래 중에서도 자기 주도적 학습을 제대로 하고 있는 친구들이 많이 있었다. 어른들의 눈치를 보며 공부하는 자신의 모습과, 스스로 공부하고 공부법을 찾아내는 친구들의 모습은 하늘과 땅의 차이였다. 교육신문에서 자주 볼 수 있는 학생들의 수기를 보면서 자신의 기계적인 공부 방법을 반성하고, 늦었다는 생각보다는 천천히 나만의 공부법을 찾아가자고 마음을 먹었다.

마침 자기 주도 학습의 중요성과 자신의 학습 성향 및 입학사정관제에 대한 정보와 교육이 있다는 것을 알고 교육을 받게 되었다. 덕분에 지은이는 자신의 진로에 대해서 생각할 수 있는 기회를 가질 수 있었고, 과목별로 어떤 식으로 공부하면 좀 더 효율적인지 참고할 수 있었다. 여전히 영어, 수학 단과 학원은 다녔지만 사회, 과학 등 암기과목은 나만의 학습법을 찾아 눈에 띄게 성적이 오르기 시작했다. 선행학습 없이도 성적을 올릴 수 있다는 자신감이 자리 잡자 공부에 대한 흥미도 자연스럽게 생길 수 있었다.

나만의 공부법 찾기

"엄마, 저 학원 그만두고 지금부터는 혼자서 공부해볼게요."

지은이의 말에 엄마는 깜짝 놀라신 눈치였다.

"뭐라고? 네가 혼자 해보겠다고? 할 수 있겠니?"

"한번 해볼게요. 언제까지 학원에만 의존할 순 없잖아요."

공부에 어느 정도 자신감이 생긴 지은이는 고등학교를 입학하면서 과감히 사교육을 그만두었다. 학기 중에 사교육을 받지 않는 것은 처음이라 부모님도 걱정을 많이 하셨다.

그리고 그 걱정은 현실이 되었다. 고등학교 입학해서 첫 중간고사가 기대했던 것보다 결과가 좋지 못했던 것이다. 다른 탐구과목은 둘째 치고, 영어와 수학이 타격이 컸다. 항상 영어, 수학 단과 학원을 꾸준히 다녔던 지은이에게 선행학습 없이 도전했던 첫 시험은 실패한 것처럼 보였다.

'아, 역시 나는 안 되는 건가?'

지은이는 좌절했다. 하지만 겨우 첫 도전이었을 뿐이다. 지은이는 곧 있을 기말고사 결과를 보고 학원을 다시 다닐지 말지를 결정하기로 했다. 중간고사와는 다른 마음으로 시험 준비를 했다.

우선 기말고사 준비에 앞서 중간고사의 시험문제를 분석했다. 시험을 친 후 시험지를 버리는 것이 아니라 문제 유형을 파악해보면 다음 시험을 준비할 때 좀 더 수월할 것 같았기 때문이다. 문제가 매년 다르게 출제된다고 해도 문제 유형은 비슷하기 때문에 각 선생님이 내시는 유형을 파악하는 것이 중요했다.

그리고 시험 준비를 하면서 어느 정도 나만의 학습법을 만들고 터득해 갔다. 영어는 시험 범위에 포함된 독해 지문을 매일 읽었다. 인터넷에서 무료로 영어 예상문제를 얻을 수 있는 카페를 찾았고, 예상문제를 풀어보면서 영어 지문이 더 익숙해질 수 있도록 노력했다. 달달 외운 덕에 시험을 볼 때 지문의 앞 문장만 읽어도 무슨 내용이었는지 떠올릴 수 있는 정도였다. 그래서 문제를 푸는 시간을 절약할 수 있었고 검토하는 시간을 만들 수 있었다.

수학 또한 교과서와 익힘 책을 중심으로 반복해서 문제풀이를 했다. 수학 시험을 분석하면서 느낀 것은 여러 문제집을 한 번씩만 푸는 것보다는 한 문제집을 완벽히 정복하는 것이 훨씬 효율적이고 효과적이란 사실이었다. 모르는 문제는 선생님께 찾아가서 몇 번이나 질문했다. 학교 문제를 출제하시는 분은 학교선생님이고, 시험문제에 대해 누구보다 잘 아는 사람도 학교선생님이시라는 걸 깨달았다. 그렇게 질문을 통해 완벽히 이해했던 문제가 시험에 출제되면 정말 반가웠다.

탐구과목은 나만의 노트를 만들어 사용했다. 우선 내용을 정리하기 전, 항상 노트의 가운데 부분을 남겨두고 양쪽에 두 줄을 그었다. 그렇게 총 세 칸을 만든 후, 맨 왼쪽에는 생소한 용어나 개념에 대한 부연설명 등을 적었다. 넓은 가운데 부분에는 수업에서 배운 내용을 정리했다. 마지막으로 오른쪽 칸은 그 내용의 중요도와 참고할 교과서의 쪽수를 적었다. 이렇게 하니 한눈에도 보기 깔끔했다. 정리 노트는 시험기간에 반복적으로 정독하면 도움이 많이 되었다.

이렇게 자신만의 학습법을 터득하고 공부한 결과, 지은이는 기말고사에서 모든 과목의 성적이 올랐다. 게다가 국어, 영어 그리고 수학 등 주요과목은 눈에 띄게 성적이 향상되었다. 특히 국어 성적은 중간고사와 기말고사를 합쳐 1등급을 받았고, 과목 우수상도 받는 기분 좋은 결과를 얻었다.

이 일을 계기로 지은이는 혼자서도 해낼 수 있다는 자신감을 얻었고, 전교 20등 안에 들어가는 심화반에도 당당히 들어갈 수 있었다. 심지어 사교육에 의존했던 주위 친구들 중 지은이의 사례를 보고 영향을 받아 혼자 힘으로 공부를 해보겠다고 다짐한 친구들도 있을 정도였다.

그러나 지은이가 이렇게 나만의 공부법을 터득하기까지의 과정은 결코 쉽지 않았다. 시행착오도 많았고, 노력에 비해 시험결과가 실망스럽게 나왔을 때는 '왜 공부를 해야 하나?'라는 생각도 여러 번 들었다. 그런데 돌아서서 보면 그 시행착오도 하나의 과정이었고 포기하지 않고 문제점을 찾아 노력했기에 지금의 결과를 얻을 수 있었다.

만약 지은이가 성적에 실망만 하고 어떤 노력도 하지 않았더라면 아마 지금도 제자리걸음을 하고 있었을 것이다. 그러나 마침내 해내는 자신의 모습을 보고, 앞으로 더 잘해낼 거라는 자신감과 높은 성적 등 많은 결실을 얻게 되었다. 결국 지은이는 자신이 원하는 대학에 수시로 당당히 합격했다. 스스로 시행착오를 겪으며 이뤄낸 성취감은 지은이가 앞으로 인생을 살아가는데 큰 힘이 될 것이다.

꿈이 무엇이든 공부가 기본이다

코로나19로 대한민국 사상 최초로 수능이 연기되었다. 대학수학능력시험이 얼마 남지 않은 가장 중요한 시기에, 팬데믹으로 큰 타격을 입은 수험생들이 치른 6월 모의고사 결과는 충격적이었다. 중하위권은 처참하게 몰락한 반면, 상위권은 흔들리지 않았던 것이다. 그 이유는 무엇일까? SBS 스페셜 〈혼공시대〉에서 공부법 전문가 조남호 코치는 말했다.

"혼공을 못하는 아이들은 성적이 오를 수 없는 시대입니다. 가면 갈수록 혼공능력이 입시에 중요해질 거예요."

혼자 공부하지 못하면 살아남을 수 없는 포스트코로나 시대. 혼공능력이야말로 위기를 기회로 바꿀 수 있다. 지은이처럼 말이다.

여러분이 이 세상에 온 이유는 공부를 잘하기 위해서도, 좋은 점수를 받기 위해서도 아니다. 내 이름 석 자를 건 삶 속에 마땅히 알아야 하는 것들을 하나하나 배우는 과정, 그 안에서 내 삶의 의미를 발견하고 꿈을 향해 한 걸음씩 성장하며 행복을 느끼는 것이 중요하다. 이런 삶을 살기 위해서는 지금 여러분이 꾸는 꿈이 무엇이든 공부가 기본이 된다.

지금 내가 하는 공부는 인생이라는 더 큰 세상에 나가기 위해 든든한 기초체력을 쌓는 일이다. 충분한 기초체력이 바탕이 되어야 긴 마라톤을 자기 페이스를 유지하면서 달려나갈 수 있다. 공부로 쌓은 지식과 소양은 든든한 바탕이 되어 여러분의 가치를 높여줄 것이다.

공부는 선택이 아니라, 나에 대한 의리이자 내 꿈에 대한 예의다. 지금 하는 공부가 훗날 꿈의 문턱에서 여러분을 자유롭게 할 것이다.

친구와의 의리는 목숨처럼 중요시하는 십대여, 우선 나에 대한 의리 먼저 지키자!

지은이의 리얼 한마디

지금 자신의 성적이 좋지 않다고 해서 학업에 대한 열정을 포기하지 않았으면 좋겠어요. 사람마다 자신에게 맞는 공부법이 다르기 때문에 기존 공부 방법을 되돌아보고 바꿔보는 노력을 꾸준히 한다면 꼭 좋은 결과를 얻을 수 있을 거예요. 화이팅!

유정's story

스펙이 아닌, 스토리의 시대

오직 준비된 자만이 중요한 것을 관찰하는 기회를 잡을 수 있다.
-루이 파스퇴르-

2019년 11월 28일, 교육부가 대입제도 공정성 강화 방안을 발표했다. 청소년지도사로 다양한 활동을 통해 현장에서 청소년들을 만나고 있는 터라, 비교과 영역 폐지 여부에 대한 내용이 우려가 되었다. 실제로 청소년 참여 자치회 활동을 하고 있던 한 아이가 고민을 털어놓았다.

"선생님, 저 내년에도 활동을 계속하고 싶은데 부모님께서 이젠 대외활동을 줄이라고 하셔서 어려울 것 같아요. 대입에 청소년 단체 활동이 기재도 안 되니까 그냥 학교 공부나 열심히 하라고…."

너무 안타까웠다. 청소년 시설이나 단체에서는 아이들의 꿈과 성장을 지원하고 돕기 위해 다채로운 경험들을 제공하고 있는데, 이러한 활동이 단지 입시에 반영되지 않는다는 이유로 위축되는 것은 아닐지 걱정이 된다. 이는 사교육을 통해 고스펙을 쌓으려는 일부 학생들의 꼼수를 막기 위한 방안일 뿐, 실제로 학교 밖의 활동은 청소년에게 잊지 못할 경험과 소중한 배움의 기회를 제공하는 선물 같은 존재이니 오해하지 않았으면 좋겠다.

청소년기는 다양한 경험을 통해 자아를 발견하고 진로를 탐색해야 하는 중요한 시기다. 하지만 현실은 대학 진학만을 목표로 책상 앞에만 앉아 시간을 흘려보내고 있는 것은 아닌지! 학교생활에 충실하면서도 자신이 관심 있는 분야를 찾아 많은 경험을 해보고 그 과정 속에서 나만의 창의적인 스토리를 만들어가는 것이 중요하다. 이제는 스펙이 아닌 스토리의 시대다.

십대만이 가질 수 있는 특권

"너는 꿈이 뭐야?"

"제 꿈이요? 글쎄요…. 딱히 꿈이 없는데…."

유정이는 어릴 적부터 누군가 꿈에 대해 물으면 머뭇거리며 대답을 못하는 아이였다. 단 한 번도 무엇인가를 제대로 즐겨본 적도, 열중해본 적도 없다. 그저 시키는 대로 남들과 똑같이 하면 된다고 생각했다. 공부도 특별하게 잘하는 것도 아니고 말 그대도 대한민국의 평범한 학생 중 한 명이었다.

꿈을 고민하던 유정이에게 한 선생님이 이렇게 말씀하셨다.

"유정아, 꿈도 중요하지만 일단은 공부부터 하렴, 그래야 나중에 하고 싶은 일이 생겼을 때 할 수 있지."

선생님의 말씀을 듣고 유정이는 문득 이런 생각이 들었다.

'지금도 꿈이 없는데, 목적 없이 공부만 한다고 나중에 하고 싶은 일은 찾을 수 있을까? 지금은 공부를 해야 할 때이기도 하지만 동시에 왜 공부를 해야 하는지 타당한 이유를 찾고 꿈을 찾는 기간이잖아. 이렇게 꿈도 못 찾고 공부만 하면서 십대를 보낼 순 없어….'

불현듯 이렇게 꿈도 없이 자신의 청소년기를 보내는 것이 억울해졌다. 아무것도 가진 게 없는 것처럼 보이는 십대, 그런 십대만이 가질 수 있는 특권은 바로 '꿈을 찾는 일'이라고 생각했다.

그날부터 유정이는 공부도 중요하지만 자신의 꿈 역시 소중하다고 여기고 진지하게 고민하기 시작했다. 딱히 공부를 잘하는 것도 아니고 특별한 재능이 있는 것도 아니었던 터라 무엇을 먼저 해야 할지 막막했다. 그래서 우선은 독서, 여행, 대외활동과 같은 많은 경험을 하며 꿈을 찾아 부딪쳐보기로 결심했다.

유정이가 특히 초점을 맞춘 건 스펙을 쌓는 활동이 아닌 자신만의 스토리를 쌓는 활동이었다. 자격증, 어학연수, 수상경력을 위한 활동이 아니라 다양한 분야의 평가단, 서포터즈, 기자단 등 스펙에는 크게 도움이 되지 않을지언정 자발적으로 관심이 가는 활동에 집중했다.

그러다 보니 어느 순간, 자신이 흥미 있고 좋아하는 활동이 있다는 것을 발견했다. 청소년과 관련된 내용을 중심으로 한 홍보활동이었다.

'그래, 바로 이거야! 청소년 홍보 전문가가 되자!'

그렇게 유정이는 '청소년 홍보 전문가'라는 꿈을 만나게 되었다. 물론 그 꿈이 한 번에 보이지는 않았다. 처음에는 그저 사람들을 만나는 게 좋았고, 그다음에는 사람들을 만나 무엇인가를 알려주고 홍보하는 게 좋았다. 그러다 보니 어느덧 '홍보 전문가'라는 꿈을 가지게 되었다. 특히 청소년과 관련된 내용을 홍보할 때 더 적극적이고 보람이 있었다. 그렇게 조금씩 유정이의 꿈은 선명해졌다.

하지만 그렇게 힘들게 찾은 꿈임에도 불구하고 흔들릴 때가 있었다. '청소년 홍보 전문가'라는 직업이 워낙 생소했던 터라 스스로 도전하고 만들어가야만 했다. 딸이 안정적인 직업을 갖기를 원하는 부모님께서는 반대를 하실 수밖에 없었다. 유정이는 부모님마저 자신을 믿어주지 않는다고 느낄 때 가장 많이 흔들리고 속상했다. 그렇다고 부모님의 반대 자체로 꿈이 흔들리지는 않았다. 부모님께 어렵게 찾은 꿈을 양보하고 싶지는 않았기 때문이다. 다만 자신을 의심하기 시작했다.

'내가 정말 할 수 있을까? 이렇게 막연한데 그냥 포기해버릴까?'

자신감이 떨어진 것이 사실이었다. 하지만 처음으로 무언가에 열중해서 찾은 꿈인데 그냥 포기하기에는 아까웠다.

스펙이 아닌 스토리의 시대

유정이 어머니께서 평소에 입버릇처럼 하시는 말씀이 하나 있다.

"어차피 네 인생이야, 인생은 누가 대신 안 살아주니까 네가 알아서 해야지."

그때는 엄마의 잔소리로만 들렸는데 어느 순간부터 유정이는 그 말이 가슴에 너무 와 닿았다.

'그래, 누구도 나를 대신해서 살아주지 않아. 남들에게 떠밀려 선택한 길도 결국에는 내가 책임져야 할 길인 거야. 그러니 가고 싶은 길을 가야지!'

이렇게 다짐을 하니 신기하게도 자신이 가고 싶은 길을 갈 때는 쓰러지더라도 다시 꿋꿋하게 일어날 수 있는 힘이 생기는 것 같았다. 정말 마지막이라는 생각으로 자신의 꿈 하나만 믿고 더 바쁘게 살기로 했다. 잘하든 못하든 '할 수 있다.'라는 각오 하나로 일단 무슨 활동이든 시도해보고 도전했다. 결과는 어땠을까?

그렇게 하나씩 해왔던 활동들이 고3이 되자 어느 덧 A4용지 한 장을 꽉 채울 만큼 쌓이게 되었다. 다양한 활동에 참가하면서 받은 명찰, 수료증, 심지어 우수활동상까지 유정이의 활동 자료들은 넘쳐났다. 처음엔 어설프고 부족했던 실력도 나날이 발전했고, 사람들에게 인정받으면서 자신감도 기를 수 있었다.

무엇보다 한 줄의 스펙이 아닌 활동 하나하나마다 많은 추억들과 자신만의 스토리가 담겨 있었다. 그 모습을 보신 부모님께서도 이제는 유정이를 믿고 응원해주시기 시작했고 누구보다 든든한 조력자가 되어주셨다.

유정이는 자신이 특별한 스펙도 하나 없는 평범한 학생이라고 여겼다. 그런데 유정이의 입시 원서에 제출한 교사추천서를 보고 자신이 얼마나 특별한지 깨닫게 되었다. 선생님의 추천서에는 이렇게 적혀 있었다.

'일부 학생들은 대외활동이 공부할 시간을 뺏는다고 그만두는 경우가 있는데, 지원자는 활동을 통해서 자아를 찾고 남을 돕는 등 고등학생 이상의 의미 있는 활동을 해왔다고 생각합니다.'

유정이는 자신의 황금 같은 시간을 결코 놓치지 않았다. 다양한 활동을 통해 자신의 꿈을 찾고 자신만의 스토리를 쌓아가면서 자기도 모르게 어느 새 특별한 존재가 되었다.

꿈이라고는 좋은 대학에 가서 좋은 직장에 취직하는 게 전부가 되어버린 현실, 십대라는 이름 앞에 닥친 것은 입시, 경쟁, 스펙, 취업과 같은 걱정과 고민들뿐이다.

이런 현실에서 청소년들이 꿈을 찾아 나서기란 쉽지 않은 게 사실이다. 아마 유정이처럼 여러 가지 활동을 경험해보고 싶다가도 남들은 다 수능 준비하며 공부에 집중하는데 나만 내 꿈을 위한다고 공부 외에 다른 활동을 한다는 것이 비정상으로 느껴질지도 모르겠다. 남들이 하는 대로 따라야 하는지 아니면 내가 진정 원하는 길을 가는 것이 맞는 건지 확신도 없고 불안하기도 할 것이다.

늘 누군가 시키는 대로만 해왔던 유정이 역시 꿈을 찾는 과정이 많이 불안했다. 아마 자신이 잘해낼 거라는 확신을 가진 후 시작하려고 했다면, 아직도 시작하지 못했을지 모른다. 그저 자신의 꿈을 믿고, '할 수 있다.'는 각오를 가지고 시작했기에 이런 성과를 낼 수 있었다.

누구든지 무엇인가 도전할 때는 불안한 법이다. 하지만 지금 여러분은 당찬 자신감으로 무장해도 괜찮은 나이다.

여러분에게 '실패'라는 말은 없다. 자신을 성장시킬 좋은 기회만 있을 뿐이다. 실패를 부끄러워하는 것이 아니라 쿨하게 인정하고 그 부분을 어떻게 채워야 할지 생각하며 조금씩 개선하다 보면 그 실패는 오히려 훗날 너의 멋진 스토리가 될 것이다.

유정이의 리얼 한마디

여러분, 지금 꿈을 꿔도 괜찮아요. 다만 꿈을 결정했다면, 이후에는 꾸물거리지 말고 실행에 옮겨야 하겠지요? 저는 꿈을 꾸는 동안 후회 없이 즐거웠고, 앞으로도 잘해갈 거라는 자신감을 얻을 수 있었어요. 여러분도 정말 본인이 하고 싶은 일이 뭔지 고민하고 깨달아가는 과정을 경험해봤으면 좋겠어요.

꿈쌤이 알려주는 '진짜 배움'을 지키는 꿀팁!

인간은 태어나서 죽을 때까지 끊임없이 배우며 살아가는 존재랍니다. 배움을 멈추는 순간, 나의 성장 역시 멈추게 된답니다. 배움을 지키는 가장 좋은 방법은 당당하게 자신의 배움의 주인이 되는 것입니다.

진학이 아닌 진로를 고민할 것

여러분은 지금 진학을 고민하고 있나요? 아니면 진로를 고민하고 있나요? 진학을 고민하기 전에 진로 고민이 선행되어야 합니다. 내가 앞으로 어떤 방향으로 인생을 나아갈지를 고민하고 결정한 후에 진학을 고민하세요. 대학은 인생을 살아가는 하나의 수단일 뿐이지 그 자체가 인생의 목표가 되어서는 안 돼요. 진학하고 싶은 '대학'보다 내가 좋아하고 적성에 맞는 '전공'을 더 고민하세요. 속도가 조금 느리더라도 결국 도착지에는 가장 빨리 가는 지름길이랍니다.

스펙보다 스토리에 집중할 것

아직도 스펙에 매달리고 있나요? 지금은 스펙이 아닌 스토리의 시대랍니다. 세상은 여러분만의 특별한 스토리를 원합니다. 그 스토리는 오직 나만의 경험을 통해서만 만들어갈 수 있어요. 공부도 중요하지만, 공부 외의 다양한 활동을 통해 얻은 배움과 경험은 여러분에게 강력한 스토리를 선물할 거예요. 자신의 관심 분야가 있다면 관련된 청소년 활동을 찾아보거나, 청소년 기관을 활용해보세요. 다양한 경험을 쌓을 수 있답니다.

책 속에서 인생의 팁을 배울 것

교과서, 문제집 볼 시간도 없는데 무슨 책 타령이냐고요? 쌤을 한번 믿어보세요. 책을 통해 여러분이 아직 경험하지 못한 것을 미리 경험할 수 있고, 먼저 그 길을 간 분들의 조언도 들을 수 있답니다. 책을 읽으면서 자신의 생각을 정리하고 단단하게 지킬 수 있고, 그 속에서 나의 꿈도 찾을 수 있어요. 감동을 준 책 속 문장 하나, 나의 인생에 변화를 준 책 한 권을 만나보는 경험을 하길 바랍니다.

Special Interview

5년 후 만난 책 속 주인공 이야기 _ 정인

꿈쌤 : 정인아, 안녕! 5년 전 고등학생 시절을 지나 이제 사회인이 되었구나. 어떻게 지내고 있니?

정인 : 안녕하세요, 꿈쌤! 저는 학생 시절보다 많이 무던해졌어요. 어릴 때는 사소한 것 하나하나에 온 신경을 곤두세우다가 정작 중요한 걸 놓치는 일이 많아서 아쉬웠거든요. 지금은 '그러려니~' 하고 무던히 넘길 수 있는 스킬(?)이 생겼답니다.

꿈쌤 : 하핫, 나름의 노하우가 생겼구나! 성인이 되고 사회인이 되면서 아쉬웠거나 후회되는 일이 있니?

정인 : 앞으로 어떻게 살아야 하나, 미래에 관한 고민이 참 많아요. 조금이라도 어릴 때 더 많은 도전을 해볼걸, 더 많은 경험을 해볼걸 하는 아쉬움

이 있어요. 지금도 여전히 하고 싶은 일이 많거든요. 드라마나 시트콤 대본도 써보고 싶고, 라디오 DJ도 해보고 싶고…. 보람되고 가치 있는 일이 하고 싶어요.

꿈쌤: 여전히 꿈이 많은 우리 정인이. 학창시절부터 스스로 부딪혀가면서 자신의 길을 찾곤 했는데, 그 과정이 힘들지는 않았니? 그럴 땐 어떻게 극복했어?

정인 : 친구들과 대화를 하면서 풀기도 하지만, 혼자 사색하는 것이 훨씬 도움이 됐어요. 조용히 공원을 걷거나 좋아하는 디저트를 먹으면서 생각을 정리했죠. '나만 힘든 건 아닐 거야.' 하며 마인드컨트롤을 하면 조금 극복이 되더라고요.

꿈쌤 : 마지막으로 후배 청소년들에게 한마디 해줄래?

정인 : 대학은 꿈을 이루기 위한 루트지, 필수는 아니라고 생각해요. 학교 공부에만 사로잡히지 말고, 그 외적인 부분에서도 활동하며 넓은 경험의 폭을 쌓으며 정말 자기가 좋아하는 것이 뭔지 깊이 고민해보세요.